2025

Abitur

Original-Prüfungsaufgaben
mit Lösungen

Hessen

Englisch

STARK

© 2024 STARK Verlag GmbH, St.-Martin-Straße 82, 81541 München
20. ergänzte Auflage
www.stark-verlag.de

Inhalt

Vorwort
Hinweise zu den digitalen Inhalten

Hinweise und Tipps zum Landesabitur

Die Anforderungen im schriftlichen Abitur I
1 Kerncurriculum, Abiturerlasse und Abiturverordnung I
2 Anforderungsbereiche und Aufgabenstellungen zur Textaufgabe V
3 „Operatoren“ VI

Hinweise zur Lösung von Abituraufgabenstellungen VIII
1 Sprachmittlungsaufgabe VIII
2 Textzusammenfassung/gelenkte Textzusammenfassung VIII
3 Analyse X
4 Persönliche Stellungnahme/Kommentar/Diskussion und gestaltende Schreibaufgabe XII
5 Ausdrucksvermögen XIII
6 *Glossary of literary terms* XIX

Original-Abituraufgaben

Abituraufgaben 2020 Leistungskurs
Vorschlag A: Twin Oaks in den USA. Die älteste Hippiekommune der Welt ..... LK 2020-1
Vorschlag B 1: *A Midsummer Night's Dream* ..... LK 2020-3
Vorschlag B 2: *How important is social class in Britain today?* ..... LK 2020-8
Lösungsvorschläge ..... LK 2020-11

Abituraufgaben 2021 Grundkurs
Vorschlag A: Schwächelnde Wirtschaft am Kap: Merkel besucht das Land der Blackouts ..... GK 2021-1
Vorschlag B 2: *Why we can't wait* ..... GK 2021-3
Lösungsvorschläge ..... GK 2021-6

Abituraufgaben 2021 Leistungskurs
Vorschlag A: Die Uhr tickt ..... LK 2021-1
Vorschlag B 1: *Katherine Johnson died on February 24th* ..... LK 2021-3
Vorschlag B 2: *The New World* ..... LK 2021-6
Lösungsvorschläge ..... LK 2021-9

Abituraufgaben 2022 Grundkurs
Vorschlag A: Wie das Leben leichter wird .... GK 2022-1
Vorschlag B 1: *Hearts and Minds* .... GK 2022-3
Vorschlag B 2: *A mental health crisis brewing among South Asian immigrants in the West needs serious attention* .... GK 2022-6
Lösungsvorschläge .... GK 2022-9

Abituraufgaben 2022 Leistungskurs
Vorschlag A: Jobber auf dem großen Treck .... LK 2022-1
Vorschlag B 1: *Brit(ish): On Race, Identity and Belonging* .... LK 2022-3
Vorschlag B 2: *The Truth of Fact, The Truth of Feeling* .... LK 2022-6
Lösungsvorschläge .... LK 2022-9

Abituraufgaben 2023 Grundkurs
Vorschlag A: Jugend forscht: Einzigartiges Netzwerk zur Talentförderung mit herausragender Erfolgsbilanz .... GK 2023-1
Vorschlag B 1: *Violent legacy of Empire forces British Asians into an identity dilemma* .... GK 2023-3
Vorschlag B 2: *Sweetness* .... GK 2023-7
Lösungsvorschläge .... GK 2023-9

Abituraufgaben 2023 Leistungskurs
Vorschlag A: Berliner Literaturprojekt „Weiter Schreiben“ .... LK 2023-1
Vorschlag B 1: *An American Childhood* .... LK 2023-3
Vorschlag B 2: *Much Ado about Nothing* .... LK 2023-6
Lösungsvorschläge .... LK 2023-9

Abiturprüfung 2024 .... **www.stark-verlag.de/mystark**
Sobald die Original-Prüfungsaufgaben 2024 freigegeben sind, können sie als PDF auf der Plattform **MySTARK** heruntergeladen werden (Zugangscode vgl. Umschlaginnenseite).

Vorwort

Liebe Schülerinnen und Schüler,

bald werden Sie Ihre **schriftliche Abiturprüfung im Fach Englisch** ablegen. Wir möchten Sie gerne auf Ihrem Weg zu einem guten Abschluss begleiten und Sie mit diesem Band bei der **Vorbereitung auf die Prüfung** unterstützen.

Sowohl im Grund- als auch im Leistungskurs werden die Aufgaben vom hessischen Kultusministerium vorgegeben. Sie haben 285 Minuten (im Leistungskurs) bzw. 255 Minuten (im Grundkurs) Zeit zur Bearbeitung. Teilen Sie sich die Zeit gut ein, damit auch die letzte Aufgabe und das Korrekturlesen erfolgreich abgeschlossen werden können. Als Hilfsmittel stehen Ihnen ein einsprachiges sowie ein zweisprachiges Wörterbuch, ein Wörterbuch der deutschen Rechtschreibung, Textausgaben der Pflichtlektüren ohne Kommentar sowie eine Liste der fachspezifischen Operatoren zur Verfügung. **Ausführliche Hinweise** zu den **Anforderungen im Abitur** sowie Hilfestellungen zur Lösung von Abiturprüfungsaufgaben finden Sie am Anfang dieses Buches.

Üben Sie die Prüfungssituation mit den **offiziellen Abitur-Prüfungsaufgaben, die in den Jahren 2020 bis 2024 vom hessischen Kultusministerium gestellt wurden**. Ausgewählt wurden für dieses Buch jeweils die Aufgaben, die inhaltlich zu Ihren eigenen Abiturthemen passen. Zur besseren Nachvollziehbarkeit sind jeder Aufgabe **Bearbeitungshinweise** vorangestellt. Die methodischen Schritte können Sie auf die Bearbeitung anderer Texte und Aufgaben übertragen. Zudem stehen Ihnen **vollständige englische Lösungen** zur Verfügung, die von unseren Autorinnen und Autoren erstellt wurden.

Zusätzlich zu den Aufgaben in diesem Buch haben Sie die Möglichkeit, sprachliche **Grundlagen** anhand **interaktiver Aufgaben** auf MySTARK zu üben. Mit Hilfe der **Web-App** „MindCards“ können Sie hilfreiche **sprachliche Wendungen** wiederholen. Die **Lernvideos** zum **Umgang mit Textaufgaben** enthalten Hinweise zum Umgang mit häufigen Operatoren wie „outline“, „characterise“ oder „discuss“.

Sie können auf alle digitalen Inhalte online über die Plattform **MySTARK** zugreifen. Auf der Umschlaginnenseite finden Sie Ihren persönlichen Zugangscode.

Sollten nach Erscheinen dieses Bandes noch **wichtige Änderungen** in der Abitur-Prüfung 2025 vom Kultusministerium bekannt gegeben werden, finden Sie aktuelle Informationen dazu ebenfalls auf der Plattform MySTARK.

Wir wünschen Ihnen viel Erfolg bei der Abiturprüfung!

Autorinnen und Autoren

Berger-Hönge, Silvia	Lösungen GK 2021-A, GK 2022-A/B1, GK 2023-B1
Cleary, Liam	*Glossary of literary terms*
Holtwick, Birgit	Lösungen GK 2023-A
Jacob, Rainer	Hinweise zur Bearbeitung eines Diagramms
Klewitz, Dr. Bernd	Hinweise zur Bearbeitung eines Cartoons und eines Werbeplakats, Lösungen LK 2020, LK 2021, LK 2022, LK 2023
Moritz, Hans Otto	Hinweise und Tipps zum Landesabitur
Ressel, Johanna	Lösungen GK 2021-B2, GK 2022-B2, GK 2023-B2

Hinweise zu den digitalen Inhalten

Auf alle digitalen Inhalte können Sie online über die Plattform **MySTARK** zugreifen. Ihren persönlichen Zugangscode finden Sie auf der Umschlaginnenseite (vorne im Buch).

PDF der Original-Prüfungsaufgaben 2024

Um Ihnen die Prüfung 2024 schnellstmöglich zur Verfügung stellen zu können, bringen wir sie in digitaler Form heraus.

Sobald die **Original-Prüfungsaufgaben 2024** freigegeben sind, können sie als PDF auf der **Plattform MySTARK** heruntergeladen werden.

Lernvideos

Textaufgaben sind Teil vieler Prüfungen und Klausuren – und machen oft einen Großteil der Prüfungsleistung aus. Mithilfe der **Lernvideos zum richtigen Umgang mit Textaufgaben** können Sie sich optimal auf die Anforderungen in diesem Bereich vorbereiten. Am Beispiel von zwei Texten mit je drei Aufgabenstellungen wird gezeigt, wie man an eine Textaufgabe herangeht und sie erfolgreich löst.

Die Lernvideos beinhalten:

- **Schritt-für-Schritt-Anleitungen** zum richtigen Vorgehen in der Prüfung
- **Sachtext** und **literarischer Text** als Grundlage
- nützliche Hinweise zu **häufigen Operatoren** und **Zieltextsorten**

Interaktives Training

Im **Online-Training „Basic Language Skills“** erhalten Sie Zugriff auf zahlreiche **interaktive Aufgaben** zu Grundlagen wie **Hörverstehen**, **Leseverstehen** und **Sprachverwendung im Kontext**. Dies sind ganz wichtige „Basics“, die Sie für eine gute Sprachbeherrschung brauchen.

Das interaktive Training bietet Ihnen:

- „**Listening**“ – authentische Hörtexte mit vielfältigen Aufgaben, die Ihr Hörverstehen testen
- „**Reading**“ – abwechslungsreiche Lesetexte und dazugehörige Aufgaben

- „**English in Use**“ mit gemischten Aufgaben rund um den Gebrauch der englischen Sprache
- Alle Aufgaben sind interaktiv, d. h., Sie können sie direkt am PC oder Tablet bearbeiten und erhalten sofort eine Rückmeldung zu Ihren Antworten.

Web-App „MindCards“

Mit der Web-App „**MindCards**“ können Sie am Smartphone Vokabeln lernen. Auf diesen interaktiven Karteikarten finden Sie hilfreiche Wendungen, die Sie beim Schreiben von Texten oder im mündlichen Sprachgebrauch einsetzen können.

Scannen Sie einfach die QR-Codes oder verwenden Sie folgende Links, um zu den „MindCards“ zu gelangen:
https://www.stark-verlag.de/mindcards/writing-2
https://www.stark-verlag.de/mindcards/speaking-2

Writing

Speaking

Hinweise und Tipps zum Landesabitur

Die Anforderungen im schriftlichen Abitur

1 Kerncurriculum, Abiturerlasse und Abiturverordnung

Inhaltliche und rechtliche Vorgaben zu Ihrer Abiturprüfung sind im Kerncurriculum für die Qualifikationsphase und in der „Oberstufen- und Abiturverordnung (OAVO)“ festgeschrieben.
Die Vorgaben des Kerncurriculums werden durch die Abiturerlasse („Hinweise zur Vorbereitung auf die schriftlichen Abiturprüfungen im Landesabitur“) spezifiziert.[1] Diese geben eine verbindliche Auswahl an thematischen Schwerpunkten in Form von prüfungsrelevanten Stichworten vor. Sowohl für den **Leistungskurs** als auch für den **Grundkurs** gibt es für das **Abitur 2025** verbindliche **Pflichtlektüren**.
Mindestens eine Prüfungsaufgabe wird sich auf eines oder mehrere der folgenden Werke beziehen:

Leistungskurs/erhöhtes Niveau:
Q 1: *Gran Torino* (Film von 2008)
Q 2: George Orwell: “Shooting an Elephant”; Hanif Kureishi: “My Son the Fanatic”; Zadie Smith: “The Embassy of Cambodia”
Q 3: William Shakespeare, *Othello;* Dave Eggers, *The Circle*

Grundkurs/grundlegendes Niveau:
Q 1: *Gran Torino* (Film von 2008)
Q 2: George Orwell: “Shooting an Elephant”; Hanif Kureishi: “My Son the Fanatic”; Zadie Smith: “The Embassy of Cambodia”
Q 3: Dave Eggers, *The Circle*

Neben Ihren im Unterricht erstellten Notizen hilft Ihnen bei der Vorbereitung das „**AbiturSkript Englisch Hessen**“ (Bestell-Nr. 6546S1). Sie finden darin knapp zusammengefasst alles Wichtige zu Handlung, Figuren und relevanten Themen der Pflichtwerke sowie nützliche Schaubilder, mit denen Sie sich das Gelernte besser einprägen können.
Weniger zur inhaltlichen Vorbereitung als zum Einüben verschiedener abiturrelevanter Kompetenzen können Sie auch unser „**Abitur-Training Englisch**“ (Bestell-Nr. 94460D) benutzen.

---

1 www.kultusministerium.hessen.de

1.1 Themenfelder im Abiturerlass für 2025

Der folgende Überblick zeigt Ihnen, auf welche Themen sich die Prüfungsaufgaben schwerpunktmäßig beziehen werden:

Halbjahr	Verbindliche Unterrichtsinhalte	
Q 1	**The USA – the formation of a nation**	
	GK + LK:	• development and principles of American democracy, *insbesondere* "life, liberty and the pursuit of happiness" • landmarks of American history: *insbesondere* Civil Rights Movement, Black Lives Matter
	LK:	• recent political and social developments
Q 1	**Living in the American society**	
	GK + LK:	• migration and the American Dream, *insbesondere* questions of identity
	LK:	• values and beliefs: *z. B. Patriotismus*
Q 1	**Manifestation of individualism**	
	GK + LK:	• the American Dream as a manifestation of individualism, *insbesondere* conformity vs. individualism, ambitions and obstacles
	LK:	• visions and nightmares: *individuelle Schicksale und Reglementierung von Waffenbesitz*
Q 2	**Globalization**	
	GK + LK:	• globalization and the economy • resources and the future of energy/sustainability, *insbesondere* global chances and challenges
	LK:	• global peacekeeping, *insbesondere* conflict and cooperation
Q 2	**Great Britain – past and present: the character of a nation**	
	GK + LK:	• Great Britain – tradition and change: *wesentliche Veränderungen auf sozialer, kultureller, politischer oder wirtschaftlicher Ebene* (The British Empire and Brexit) • being British: national identity and national stereotypes
	LK:	• Elizabethan England – an introduction to the Golden Age: *z. B. Epochenmerkmale, elisabethanisches Weltbild, Entwicklung des Theaters*

Q 2	**Ethnic diversity**	
	GK + LK:	• Great Britain as a multicultural society: *Auswirkungen der kolonialen Vergangenheit* • prejudice and the one-track mind
	LK:	• integration versus assimilation
Q 3	**Human dilemmas in fiction and real life**	
	GK + LK:	• extreme situations: *der Kampf ums Überleben* • being different
	LK:	• drama by William Shakespeare: *insbesondere Othello*
Q 3	**Gender issues**	
	GK + LK:	• gender and identity, *insbesondere* gender roles, gender inequality • culture and gender – now and then: *Genderkonstruktionen in der Werbung*
	LK:	• culture and gender – now and then: *Schönheitsideale im Wandel (Sonette von Shakespeare)* • gender issues in the arts: *Darstellung von Geschlechterrollen in der Kunst oder in der Musik*
Q 3	**The media**	
	GK + LK:	• diversity of the media: *insbesondere* traditional and modern media, *z. B. Veränderungen in der Medienlandschaft, soziale Medien und neue Berufsbilder* • the power of the media: *insbesondere* the impact of the media on the individual and society • making reality – faking reality, *insbesondere* information, entertainment, manipulation
	LK:	• communication: *z. B. kritischer Umgang mit Kommunikationsstrategien*

1.2 Aufgabenarten und Bewertung

Die Prüfung im Grund- und Leistungskurs besteht für alle Prüflinge aus zwei Teilen – aus einer Sprachmittlungsaufgabe und aus einer Textaufgabe:

- Die **Sprachmittlung** (Prüfungsteil 1 / Pflichtvorschlag A) erfolgt in die Fremdsprache und muss von allen Prüflingen verpflichtend bearbeitet werden, d. h., hier gibt es keine Wahlmöglichkeit.
- Beim „**Schreiben mit integriertem Leseverstehen**" (Prüfungsteil 2) stehen zwei Vorschläge (B 1 und B 2) zur Wahl. Jeder Vorschlag umfasst einen oder mehrere Texte mit drei bis vier Arbeitsanweisungen. Es kommen literarische Texte und Sachtexte infrage sowie Bilder und Grafiken.
  Die im Leistungskurs vorgelegten Texte umfassen zwischen 700 und 1 000 Wörter, die im Grundkurs zwischen 500 und 800 Wörter. Werden mehrere Texte vorgelegt, gilt die Wortzahl für alle Texte zusammen.

Bei allen Aufgabenarten der aktuellen Prüfung erfolgt die Bewertung der **inhaltlichen** und die der **sprachlichen Leistung** getrennt. Bei der Festlegung der Note kommt der sprachlichen Leistung im Vergleich zur inhaltlichen die größere Bedeutung zu. Sie wird im Verhältnis 60:40 gewertet. Eine mit 0 Notenpunkten bewertete inhaltliche oder sprachliche Leistung schließt eine Gesamtnote von mehr als drei Notenpunkten aus.

Kriterien für die Bewertung der inhaltlichen Leistung sind:

- Textverständnis,
- Entfaltung des Themas,
- Folgerichtigkeit der Darstellung,
- Anwendung fachspezifischer Kenntnisse und Methoden,
- Fähigkeit zur Argumentation und Stellungnahme und
- v. a. im Leistungskurs: Erkennen der Wirkung sprachlicher und formaler Textmerkmale.

Bewertung der sprachlichen Leistung:

Die sprachliche Leistung, welche die Bereiche sprachliche Richtigkeit sowie Ausdruck und Textgestaltung zu gleichen Teilen, d. h. im Verhältnis 1:1, umfasst, wird ganzheitlich bewertet. Ausschlaggebend hierbei ist, ob und in welchem Ausmaß Verstöße gegen die Sprachrichtigkeit die Lesbarkeit und das Textverständnis beeinträchtigen und inwiefern die sprachliche Gestaltung des Textes gelungen ist. Der Gesamteindruck steht also im Vordergrund. Wiederholungsfehler bei demselben Wort bzw. in einem identischen Kontext werden nicht erneut gewertet.

Die ganzheitliche Bewertung der sprachlichen Leistung orientiert sich an klar umrissenen Kriterien der allgemeingültigen Deskriptoren-Tabelle, die sich wie folgt zusammenfassen lassen:

Kriterien für die Bewertung der sprachlichen Richtigkeit:

- lexikalische Korrektheit in allen Bereichen des Wortschatzes
- grammatische/syntaktische Korrektheit
- orthographische Korrektheit (Rechtschreibung und Zeichensetzung)

Kriterien für die Bewertung von Ausdruck und Textgestaltung:

- zielgerichteter, strukturierter und kohärenter Textaufbau
- Umsetzung der spezifischen formalen Textsortenmerkmale (gemäß Aufgabenstellung)
- eigenständige Darstellung; ggf. korrekte Kennzeichnung von Zitaten
- Angemessenheit des Sprachregisters, d. h. des Stilniveaus; Adressatenbezug
- Angemessenheit der Wortwahl (Präzision, Differenziertheit und Idiomatik bei allgemeinem Wortschatz sowie themen- und aufgabenspezifischem Fachvokabular)
- Variation des Satzbaus
- angemessene Verwendung komplexer, sprachtypischer Strukturen
- Einsatz von textstrukturierenden Mitteln

2 Anforderungsbereiche und Aufgabenstellungen zur Textaufgabe

In der Regel werden Ihnen beim „Schreiben mit integriertem Leseverstehen“ drei bis vier Aufgaben gestellt, die sich im Grundsatz an der Abfolge Zusammenfassung, Analyse und Stellungnahme / Kommentar / kreatives Schreiben orientieren.
Diese Abfolge ergibt sich grob aus den folgenden drei Anforderungsbereichen:

- Anforderungsbereich I: Textverstehen
- Anforderungsbereich II: Textanalyse
- Anforderungsbereich III: Werten und Gestalten

Abituraufgaben werden so konzipiert, dass der Schwerpunkt der geforderten Leistungen auf dem Anforderungsbereich II liegt. Grund- und Leistungskurs unterscheiden sich prinzipiell darin, dass im Grundkurs die Anforderungen aus den Bereichen I und II stärker akzentuiert sind, im Leistungskurs die Anforderungen aus den Bereichen II und III.
Die **erste Aufgabe** bezieht sich in der Regel weitgehend auf den **Anforderungsbereich I:** Textverstehen. Sie sollen unter Beweis stellen, dass Sie die Textvorlage verstanden haben und in der Lage sind, den Text zusammenzufassen oder einen Teilaspekt darzustellen.
Die **zweite Aufgabe** bezieht sich in der Regel schwerpunktmäßig auf den **Anforderungsbereich II:** Textanalyse. Die Analyse kann sich sowohl auf die Untersuchung der Gestaltungsmerkmale des Textes beziehen wie auch den Problemgehalt des angesprochenen Themas ausloten; u. a. können Sie aufgefordert werden, den Bezug zu einem im Unterricht bearbeiteten thematischen Kernbereich herzustellen. Oft werden zu beiden Teilbereichen Fragen gestellt.
Gleichwertig als Leistungen im Bereich des **Anforderungsbereichs III** werden die Stellungnahme /der Kommentar und das kreative Schreiben (z. B. aus einer anderen Perspektive) in einer vorgegebenen Textsorte angesehen. In der Regel können Sie eine Auswahl treffen zwischen Stellungnahme /Kommentar einerseits und gestaltender Textaufgabe andererseits.

Weitere hilfreiche Tipps zum Umgang mit Textaufgaben finden Sie in unseren Lernvideos auf der Plattform MySTARK (Zugangscode vgl. Umschlaginnenseite). Hier erklären wir, wie man bei den wichtigsten Operatoren im Bereich Schreiben vorgehen muss. Außerdem erfahren Sie etwas zu häufigen Zieltextformaten wie z. B. Leserbrief oder Blogeintrag.

3 „Operatoren“

Um unmissverständliche Aufgabenstellungen zu ermöglichen, werden sog. Operatoren verwendet. Das sind als Schlüsselwörter fungierende Aufforderungsverben, die auf die erwartete Leistung (und bestimmte Anforderungsbereiche) abzielen. In der Regel werden nur die in der vom Hessischen Kultusministerium veröffentlichten Operatorenliste festgelegten, definierten und mit Beispielen versehenen Verben benutzt.[2] Sie sollten Ihnen aus dem Unterricht bereits hinlänglich vertraut sein.
Trotz der Zuordnung der Operatoren zu den jeweiligen Anforderungsebenen ist eine klare Trennung nicht immer möglich.

Operator	Definition	Beispiel
Anforderungsbereich I		
delineate	present the central elements of a line of action or line of argument	Delineate the author's argumentation.
describe	give a detailed account of sth in your own words	Describe the different attitudes of the protagonists regarding Britain and the British.
outline/ name/ state	give the main features of a topic without commenting on them	Outline the author's views on love, marriage and divorce.
summarise	give a concise account of the main points	Summarise the text (in your own words).
Anforderungsbereich II		
analyse/ examine	systematically describe and explain in detail certain aspects and/or features of the text	Analyse the rhetorical means used. Analyse the relationship between X and Y. Examine the author's use of language.
compare	point out and analyse similarities and differences	Compare X and Y's views on education. Compare the living conditions described in the text with the idea of the "melting pot".
explain/ illustrate	describe and define in detail	Explain the protagonist's obsession with money.
put into the context of	an incident, statement or argument is linked to relevant historical or topical knowledge (on the basis of knowledge gained in class)	Put this speech into the context of the Hispanic experience in the US.

2 www.kultusministerium.hessen.de

relate	take an aspect (aspects) of the text at hand and establish a meaningful connection to an aspect (aspects) of the text of reference	Relate the protagonist's principles to a text read in class.
write a character-isation/character-ise	describe and analyse the character(s)	Write a characterisation of the heroine.
Anforderungsbereich III – Bereich Interpretation/Bewertung		
assess	come to a justified conclusion about a certain topic or statement	Assess the importance of ethics in scientific research.
comment/evaluate	state clearly your opinions on the topic in question, also explaining your criteria for judgment	Comment on the thesis … expressed in the text, line … Evaluate the chances of the protagonist's plan to succeed in life.
discuss	analyse, give reasons for and against and come to a justified conclusion	Discuss the influence of terrorism on civil liberties in the United States.
interpret	analyse the text and put its meaning in a wider context	Interpret the message the author wishes to convey.
Anforderungsbereich III – Bereich Textproduktion/Gestaltung		
write + *text type*/develop	creative text production on a topic within the context of a specific text type	Write (e. g.) a letter to the editor/a personal letter/a dialogue/a speech …

1 Sprachmittlungsaufgabe

Die Sprachmittlungsaufgabe erfordert die sinngemäße, schriftliche Zusammenfassung des wesentlichen Gehaltes eines deutschen Ausgangstextes in der Fremdsprache. Der Ausgangstext bezieht sich meist auf einen aus dem Unterricht vertrauten Themenbereich, muss aber inhaltlich nicht mit der sich anschließenden Textaufgabe verknüpft sein. Die Mediationsaufgabe versucht typischerweise, einen praktischen Kontext herzustellen und einen Zweck anzugeben, der beim Schreiben berücksichtigt werden muss. Ihr Ziel könnte z. B. sein, eine Webseite für eine Schule im englischsprachigen Ausland zu erstellen oder einen Beitrag zu einem englischsprachigen Projekt zu leisten.
Sprachmittlung bedeutet nicht, dass Sie eine Übersetzung vornehmen sollen, sondern dass Sie die Kernaussagen des deutschen Ausgangstextes in englischer Sprache wiedergeben. Somit kann bei der Vorbereitung auf diese Aufgabe auch das Kapitel über die Textzusammenfassung hilfreich sein.

Wesentlich ist folgende Vorgehensweise:

Schritt 1
Suchen Sie nach der zentralen Aussage des Textes.

Schritt 2
Integrieren Sie diese zentrale Aussage in Ihren *umbrella sentence*. Der *umbrella sentence* steht am Anfang Ihres Textes und informiert die Leser*innen nicht nur über den argumentativen Kern des Ausgangstextes, sondern auch über den situativen Rahmen – ggf. inklusive Quellenangabe.

Schritt 3
Arrangieren Sie die wichtigsten Punkte um die in Schritt 1 bestimmte Kernaussage herum.

Schritt 4
Lassen Sie Details und rein illustrative Passagen aus. Wichtig sind die Aussage des Textes und seine innere Logik. Denken Sie daran, dass logische und zeitliche Bezüge durch die geschickte Verwendung von Konjunktionen (z. B. *although, as, but, however, if, unless, when*) hergestellt werden.

2 Textzusammenfassung/gelenkte Textzusammenfassung

Die erste Aufgabe im Prüfungsteil „Schreiben mit integriertem Leseverstehen" zielt in der Regel auf das Textverstehen, d. h., sie fordert in gelenkter oder allgemeiner Form die Erstellung einer Zusammenfassung, deren Länge in aller Regel zwischen 25 und 30 % des Ausgangstextes beträgt.

Warum wird eine Zusammenfassung geschrieben?
Die Zusammenfassung hat eine Schlüsselfunktion in der Vorbereitung der Textanalyse und der Interpretation. Zunächst muss man sicher sein, dass auch wirklich erfasst worden ist, worum es in dem Text geht. Erst dann ist es möglich, den Text auf Aufbau, Argumentationsweise, Sprache und Stilmittel, d. h. in Bezug auf seine Gestaltungsmittel, zu untersuchen. Erst wenn die Textaussage und die Textgestaltung klar erfasst sind, kann man sich der Textauslegung, der Interpretation und der Analyse der Bedeutung des Textes zuwenden, d. h., erst dann kann der Text auch in einem größeren inhaltlichen oder stilistischen Zusammenhang betrachtet werden.

Wie wird eine Zusammenfassung vorbereitet?
Jede inhaltliche Zusammenfassung beginnt mit einem *umbrella sentence*, der (soweit bekannt) Angaben zum Autor oder zur Autorin, zur Textsorte, zum Zeitpunkt des Entstehens und zum thematischen Schwerpunkt des Textes enthält.
Die Gliederung des Textes entwickelt sich bei Sachtexten aus folgenden Leitfragen:
- Um welches Thema/Problem geht es?
- Was will der Autor oder die Autorin aussagen?
- Wie baut er oder sie die Argumentation auf?

Bei literarischen Texten als Klausurvorlage steht nicht der argumentative Charakter im Vordergrund. Es handelt sich in aller Regel um Momentaufnahmen aus einem größeren Zusammenhang, welcher in dieser Situation unbekannt bleibt. Die Gliederung des Textes ergibt sich aus Leitfragen wie z. B.:
- Welche Situation treffen wir an?
- Wer sind die Hauptfiguren und wie verhalten sie sich?
- Welche Grundstimmung finden wir vor?
- Um welches Thema/Problem geht es?
- Wie ist der Text strukturiert?

In jedem Falle ist bei diesen Leitfragen immer wieder zu entscheiden:
- Was ist zentral wichtig?
- Was ist lediglich ausschmückendes Beiwerk?
- Was könnte man erwähnen, muss es aber nicht?

Bei der Entscheidung, was man weglassen kann, helfen Überlegungen wie: „Könnte ich den Text verstehen, wenn mir diese Information nicht zur Verfügung gestellt würde?“. Wenn die Antwort auf diese Frage „ja“ lautet, sollten Sie die entsprechenden Informationen weglassen.

Was ist beim Schreiben zu beachten?
Aus der Beantwortung der Leitfragen ergeben sich Grundbausteine und eine Rohstruktur der Zusammenfassung. Im Einzelfall kann eine detailliertere Gliederung unerlässlich sein. Grundsätzlich sind nur Äußerungen niederzuschreiben, die sich an der Textvorlage auch tatsächlich überprüfen lassen. Die Argumentationslogik sollte klar, unverschnörkelt und nachvollziehbar sein. Sie wird in den meisten Fällen nicht der Reihenfolge der Argumente im Text folgen. Im Gegenteil: Sehr oft wird eine am Schluss der Textvorlage zu findende

These/Schlussfolgerung oder überraschende Handlungsvariante den Ausgangspunkt der Zusammenfassung bilden.

Wie wird die Zusammenfassung formal und sprachlich gestaltet?

- **Textlänge:** Der Umfang der Zusammenfassung liegt meist zwischen einem Viertel und einem Drittel der Länge der Textvorlage.
- **Tempus:** Eine Zusammenfassung wird im Präsens verfasst. Im Text vorkommende Vor- bzw. Nachzeitigkeit bleibt erhalten.
- **Bezüge:** Personen-, Zeit- und Ortsbezüge werden wie in der indirekten Rede umgeformt, also wird z. B. *I* zu *he* oder *she*; *yesterday* wird zu *the day before*; *here* wird zu *there.*
- **Tabus:** Die Zusammenfassung enthält weder direkte Rede oder Zitate noch eine wertende persönliche Stellungnahme.

Sprachlich tendiert die Zusammenfassung zu einem leicht gehobenen Niveau und Abstraktionsgrad. Sie ist eher konzeptuell als berichtend oder ausschmückend; dies und die Textlänge unterscheiden sie von der Nacherzählung. Ein höherer Abstraktionsgrad verlangt die Verwendung von Kürzungsmitteln:

- **Allgemeinbegriffe** (wie z. B. *fruit* anstelle von *„oranges, apples and grapes“*),
- **übergreifend einschätzende Verben** (wie z. B. *to focus on, to claim, to maintain, to criticise, to report, to illustrate, …*),
- **wertende Adjektivausdrücke** (wie z. B. *to be worried about, to be reluctant, to be concerned with, …*) und
- ***connectives:*** temporale *(before, when)*, kausale *(because, as, so)*, konditionale *(if, unless)*, konzessive *(though, although)*, kontrastive *(but, instead of)* und konsekutive *(so that, thus)* Bindewörter und -ausdrücke.

3 Analyse

Grundsätzlich können sich Aufgaben zur Analyse zum einen auf die Textanalyse im engeren Sinne beziehen, zum anderen auf zusätzliches Material oder auf im Unterricht Erarbeitetes.

- Bei der **Analyse im engeren Sinne** geht es um Facetten der Textstrukturierung/Textgestaltung, die aufzuzeigen sind; es kann zusätzlich gefordert sein, das Verhältnis zwischen den Gestaltungsmitteln und dem Inhalt, der Atmosphäre oder der Textaussage auszuloten, d. h. die Funktion der Gestaltungsmittel zu bestimmen – als Teil der Interpretation (siehe a).
- Eine weitere Variante der Textanalyse besteht in der **Verknüpfung** der Textvorlage **mit einem zusätzlich in der Aufgabe zur Verfügung gestellten Material** (z. B. einem Cartoon oder einer Statistik/einem Diagramm; siehe b).
- Ebenso können Sie aufgefordert werden, die Informationen des vorliegenden neuen Textes zu **im Unterricht Gelesenem und Diskutiertem** in Bezug zu setzen (siehe c).

a) Auf der Basis der Zusammenfassung und dem so gewährleisteten Textüberblick sollen Sie nun untersuchen, <u>wie</u> der Text gestaltet ist und <u>warum</u>, d. h., welche Funktion bestimmte Textgestaltungsmittel haben. Wenn in der Aufgabenstellung keine weiteren

Hinweise gegeben werden, so ist der Text daraufhin zu *scannen,* welche Gestaltungsmittel besonders in den Vordergrund treten. Das *Scannen* kann sich beziehen auf:
- die Wortwahl (Register, Häufigkeiten),
- den Satzbau (komplex/einfach),
- Stilmittel (z. B. Kontrast, Parallelität, Wiederholung) und
- Sprachfiguren (z. B. Vergleich, Metapher)[3].

Normalerweise ist das bloße Aufzeigen von Textgestaltungsmerkmalen nicht ausreichend. Stattdessen bilden die gefundenen Merkmale das Fundament für eine weiterführende Betrachtung, die über die formale Analyse hinausgeht. Hier stellt sich die Frage nach dem Zusammenwirken von Form und Inhalt, d. h., die Gestaltungsmittel werden auf ihre Funktion oder Wirkung hin überprüft. Inwiefern unterstützen sie die Textaussage oder unterlaufen sie diese, z. B. in der Satire oder der Parodie?

b) Bei der Verbindung des Abiturtexts mit zusätzlichem Material (z. B. einem Cartoon, einem Werbeplakat oder einer Statistik) enthält die Aufgabenstellung mit großer Wahrscheinlichkeit einen Hinweis auf gewünschte Anknüpfungspunkte zwischen den beiden Materialien. Dennoch ist es wesentlich, sich mit dem Inhalt des zusätzlichen Materials auch ganz grundsätzlich auseinanderzusetzen, bevor auf mögliche Vergleichsmerkmale mit dem Text Bezug genommen wird:
   - Handelt es sich bei dem zusätzlichen Material um eine **Statistik**, sollten Sie sich zunächst über die Art des vorliegenden Diagramms klar werden und dieses dann genauer beschreiben. (Hilfreiche Formulierungen hierfür finden Sie auf den Seiten XVII–XIX.)
   - Handelt es sich um einen **Cartoon**, ist es Ihre Aufgabe, die in Bild und Schrift dargestellte Botschaft des Zeichners zu dekodieren und in einen logischen Kontext zu stellen. Dies sollte in den folgenden Schritten erfolgen:
     - Beschreibung der im Cartoon dargestellten Personen, der Situation oder Aktion sowie der Textanteile (z. B. Sprechblasen, Bildunterschriften) im Präsens *(simple present, present progressive)*,
     - Erkennen des im Cartoon angesprochenen Problems, Bezug der dargestellten Szene auf die (momentane) politische oder gesellschaftliche Situation (wichtige Informationen hierfür können in Bildunterschrift oder Sprechblasen enthalten sein),
     - Entschlüsseln der verwendeten Symbole (z. B. Taube für den Frieden),
     - Interpretation der Botschaft des Cartoons, gestützt auf die gesammelten Erkenntnisse und Informationen.

   Erst nach der Analyse und Interpretation des Cartoons können Sie diesen fundiert in Bezug zur Textvorlage setzen. Dabei sollten Sie sich u. a. die Frage stellen, ob ein und dasselbe Thema aus verschiedenen Blickwinkeln oder derselben Perspektive dargestellt wird oder ob es inhaltliche Anhaltspunkte für einen Vergleich der beiden Materialien gibt. (Hilfreiche Formulierungen für die Analyse eines Cartoons finden Sie auf den Seiten XVI f.)

---

3 vgl. *Glossary of literary terms* (S. XIX ff.)

– Handelt es sich um ein **Werbeplakat**, ist es wichtig, sowohl Bild als auch Werbebotschaft einer genauen Betrachtung zu unterziehen. Meist ist es die Kombination aus den Komponenten Text und Bild, die die Aufmerksamkeit der Betrachtenden erregen soll. Nicht selten trägt die Bildbearbeitung dazu bei, den Werbeslogan zu unterstreichen *(staged advertisement)*.
  Generell empfiehlt sich folgendes Vorgehen zur Analyse eines Werbeplakats:
  - Kurze Beschreibung des Posters: Was wird dargestellt? Wer wirbt mit dem Plakat? Wofür wird geworben?
  - Beschreibung des Posters im Detail: Gehen Sie bei aufwendigeren Plakaten am besten systematisch vor, indem Sie das Plakat von unten nach oben bzw. links nach rechts oder erst Vorder- und dann Hintergrund beschreiben. Weisen Sie dabei auf auffällige Details hin, die den Gesamteindruck des Posters verstärken. Geben Sie die Texte in Ihren eigenen Worten wieder.
  - Herstellen einer Beziehung zwischen Werbetext und Abbildung: Gibt es (ironische) Widersprüche zwischen Bild und Text? Ergänzen sich die beiden Komponenten? Verstärkt der Text bzw. das Bild bestimmte Eindrücke?
  - Analyse des Effekts: Wer soll angesprochen werden? Welche Absicht steckt dahinter? Wie wird die Botschaft vermittelt? Wird der beabsichtigte Effekt erzielt? (Hilfreiche Formulierungen zur Analyse eines Werbeplakats finden Sie auf Seite XVI.)

c) Auch wenn ein Bezug von bereits Gelerntem zum neuen Text gewünscht ist, wird in der Regel die Aufgabenstellung die weitere Herangehensweise steuern. Sollte die Aufgabenstellung sehr allgemein sein, so müssen mögliche Anknüpfungspunkte kurz durchdacht werden. In einem weiteren Schritt ist dann z. B. zu klären, ob und, wenn ja, inwiefern sich Gelerntes und Neues widersprechen oder ergänzen.

4 Persönliche Stellungnahme/Kommentar/Diskussion und gestaltende Schreibaufgabe

Traditionellerweise haben Sie für die letzte Aufgabe die Wahl zwischen einer persönlichen Stellungnahme, einem kritischen Kommentar oder einer analytisch orientierten Diskussion einerseits und einer gestaltenden Schreibaufgabe andererseits. Letztere kreative, gestalterische Aufgabe bietet im Rahmen einer Textsortenbindung bei der inhaltlichen Ausgestaltung meist einen größeren Spielraum für das Einbringen eigener Ideen.

In einer **persönlichen Stellungnahme** oder **einem Kommentar** wird von Ihnen erwartet, dass Sie Ihre eigene Meinung zu dem gegebenen Problem äußern. Damit steht es Ihnen frei, das Problem u. U. auch sehr emotional und unter Bezug auf Ihre eigenen Erfahrungen und ganz persönlichen Wertvorstellungen zu beleuchten.
Es wird von Ihnen erwartet, dass Sie einen oder mehrere Hauptaspekte auswählen und diese Auswahl kurz reflektieren und begründen. Diese Aspekte werden systematisch bearbeitet und Thesen dazu aufgestellt. Über eine eng gefasste persönliche Stellungnahme hinaus sollte eine Einbettung der Problemstellung und der Hauptaspekte in einen größeren Kontext vorgenommen werden.

Im Rahmen einer **Diskussion** sollten Sie möglichst viele Facetten eines Problems entfalten, analytisch durchdringen und eine Bewertung vornehmen. Die Grundlagen dieser Bewertung müssen offengelegt und reflektiert werden.
Die Diskussion ist mehr der analytischen Schärfe verpflichtet und weniger den Bedürfnissen und Emotionen des Einzelnen. Sie können also bei der Diskussion eines Problems zu anderen Ergebnissen kommen als bei einer persönlichen Stellungnahme.
Für die gestaltende Schreibaufgabe ist neben der inhaltlichen Ausgestaltung auch die (fiktive) Ausgangsposition zu beachten: Wer schreibt an wen? In welchem Textformat? Wer ist das Zielpublikum? Wie wirkt sich das auf Sprachstil und Struktur Ihres Textes aus?
Methodisch empfiehlt es sich, vor dem Schreiben eine Stichwortsammlung zu erstellen, zusammengehörige Stichworte zu bündeln und in eine sinnvolle und für die Leserschaft nachvollziehbare Anordnung zu bringen.

5 Ausdrucksvermögen

Die Ausdrucksweise jedes Menschen ist sehr individuell, daher sind allgemeine Aussagen zur Stilverbesserung schwierig. Allerdings haben Sie bereits gelesen, welche Kriterien der Bewertung des Ausdrucksvermögens zugrunde liegen. Bei der Vorbereitung Ihrer Prüfung ist also die Aneignung bzw. Wiederholung des themen- und aufgabenspezifischen Fachvokabulars wichtig. Grundlage sollten Ihre im Unterricht erworbenen Kenntnisse sein. Es gibt auch zahlreiche Veröffentlichungen, in denen der Oberstufenwortschatz thematisch gegliedert dargeboten wird (z. B. der Band „Englisch-KOMPAKT Wortschatz Oberstufe“ des STARK Verlages, Best.-Nr. 90462D, oder das „Abitur-Training Englisch Themenwortschatz“, Best.-Nr. 82457D).

Web-App „MindCards“

Viele weitere hilfreiche Wendungen zum Bereich „Writing“ enthalten übrigens unsere MindCards, auf die Sie u.a. über nebenstehenden QR-Code Zugriff haben.

5.1 Konnektoren und andere nützliche Ausdrücke

Um Ihren Satzbau variabel zu gestalten und Ihre Texte übersichtlich zu strukturieren, lohnt sich die bewusste, aber nicht übertriebene Verwendung von bestimmten immer wieder einsetzbaren Versatzstücken. Besonders für die elegante Formulierung von Kommentaren, aber auch in Zusammenfassungen und Analyseaufgaben können Sie sie gut gebrauchen. In einsprachigen Wörterbüchern findet man solche hilfreichen Ausdrücke des Öfteren im Anhang oder in der Mitte. Hier eine kleine Auswahl zum Wiederholen und Üben:

1. **Einleitung**
   - it is undeniably true that … (es *steht außer Zweifel, dass …)*
   - for the great majority of people *(für die meisten Leute)*
   - it is sometimes forgotten that … *(es wird manchmal vergessen, dass …)*
   - a problem that is often debated nowadays is that of … *(heutzutage wird viel über … diskutiert)*

2. **Fortführung**
   - a number of key issues arise from … *(aus … ergeben sich einige grundsätzliche Fragen)*
   - what it boils down to is: … *(letztlich läuft es auf Folgendes hinaus: …)*

3. **Bestätigung**
   - it should be stressed that … *(man sollte betonen, dass …)*
   - it would be ridiculous to assert that … *(es wäre geradezu lächerlich zu behaupten, dass …)*
   - it is undoubtedly true that … *(zweifellos …)*

4. **Zweifel**
   - it is questionable whether … *(es ist fraglich, ob …)*
   - it remains to be seen whether … *(es wird sich zeigen, ob …)*
   - it may well be that … *(es kann sehr wohl sein, dass …)*
   - it is certainly true that … but I wonder whether … *(es ist sicher richtig, dass …, aber ich frage mich, ob …)*

5. **Missbilligung**
   - it is hard to agree with … *(es fällt schwer, mit … übereinzustimmen)*
   - … offers no solution to … *(… bietet keinerlei Lösungsansatz für …)*
   - … should not go unchallenged *(… sollte nicht unwidersprochen hingenommen werden)*
   - I find it impossible to accept … *(ich kann … einfach nicht akzeptieren)*

6. **Betonung einzelner Gesichtspunkte**
   - it should never be forgotten that … *(man sollte nie vergessen, dass …)*
   - especially in view of … *(besonders im Hinblick auf …)*
   - next I wish to focus our attention on … *(als Nächstes möchte ich unser Augenmerk auf … lenken)*
   - what is more, … *(hinzu kommt noch, dass …)*
   - the chief feature of … *(das Hauptmerkmal …)*

7. **Vergleich, Ergänzung, Verbindung**
   - as for … *(was … betrifft)*
   - first of all …, next …, finally … *(zunächst …, dann …, schließlich …)*
   - as far as … is concerned, … *(was … betrifft, …)*

- there is a fundamental difference between … *(es besteht ein grundlegender Unterschied zwischen …)*
- as regards … *(was … angeht)*

8. **Persönliche Sichtweise**
   - in my opinion … *(meiner Meinung nach …)*
   - my own view of this is that … *(meiner Meinung nach …)*
   - it seems to me that … *(mir scheint …)*
   - I feel strongly that … *(ich bin der Überzeugung, dass …)*

9. **Andere Sichtweise**
   - this line of thinking leads to … *(dieser Gedankengang führt zu …)*
   - …, which brings us to another side of the question *(…, was einen anderen Gesichtspunkt aufwirft)*
   - … draws our attention to the fact that … *(… macht uns darauf aufmerksam, dass …)*

10. **Zitate, Beispiele**
    - take the case of … *(wenn man zum Beispiel … nimmt)*
    - to illustrate the truth of this *(um das zu veranschaulichen)*
    - a single, but striking example of … *(ein einzelnes, aber eindrückliches Beispiel für …)*
    - according to … *(laut …)*
    - this passage serves to illustrate … *(dieser Absatz veranschaulicht …)*

11. **These**
    - the first thing that needs to be said is … *(zunächst einmal sollte man darauf hinweisen, dass …)*
    - we must distinguish carefully between … *(man muss sorgfältig zwischen … unterscheiden)*
    - this brings us to the question of whether … *(daraus ergibt sich die Frage, ob …)*
    - it is worth stating at this point that … *(an dieser Stelle sollte man darauf hinweisen, dass …)*

12. **Antithese**
    - another way of looking at this question is to consider … *(man kann das Problem aber auch aus anderer Sicht betrachten)*
    - … is, however, a totally unjustified assumption *(… ist jedoch eine völlig unberechtigte Annahme)*
    - it would be more accurate to say that … *(es wäre richtiger zu sagen, dass …)*

13. **Synthese**
    - how can we reconcile these contradictory viewpoints? *(wie lassen sich diese widersprüchlichen Standpunkte vereinbaren?)*
    - it is easy to believe that … but the truth is that … *(man könnte annehmen, dass …, aber in Wahrheit …)*

14. **Schluss**
   - what conclusion can be drawn from all this? *(welche Schlussfolgerungen lassen sich aus all dem ziehen?)*
   - ultimately, then, … *(letzten Endes)*
   - nevertheless, at the end of the day it is safe to assume that … *(dennoch kann man letzten Endes davon ausgehen, dass …)*
   - all in all *(zusammenfassend)*
   - I therefore reject/support … *(daher unterstütze ich …/lehne ich … ab)*
   - in a nutshell … *(kurzum)*

Will man sich den bewussten Gebrauch dieser Wendungen angewöhnen, sollte man die Musterlösungen in diesem Band nicht nur nach auf die Aufgabenstellung bezogenen inhaltlichen Kriterien, sondern auf jeden Fall auch mit Blick auf die Art der sprachlichen Gestaltung durcharbeiten.

5.2 Beschreibung eines Werbeplakats

Formulierungen

This poster is about/represents/reveals/shows …
The photograph/image depicts …
It is an example of …/There is a reference to …
The poster criticises/points out …
The image suggests …/conveys the impression that …
The image draws attention to …
The image has been manipulated …
The text explains …/is an appeal to …
The slogan hints at …/The explanatory text describes …
Text and image contradict each other because …/There is a contrast between …
The tone of the poster …
It creates an atmosphere of …
A positive impression is conveyed by …
The poster catches and holds the viewer's attention because …
The text is manipulative as …

5.3 Beschreibung eines Cartoons

Formulierungen

In the upper left-hand corner/in the lower right-hand corner …
In the foreground/in the background …
On the right-hand side/on the left-hand side …
At first sight, one believes …
The cartoon displays/shows …
The title of the cartoon refers to …
In the speech bubbles *(Sprechblasen)*, the cartoonist indicates …
The caption *(Bildunterschrift)* alludes to/implies …
The message is clear to see …

There is evidence that …
The cartoonist makes fun of …
From the cartoonist's point of view …
The cartoon displays the same topic as the text at hand, but shows another perspective on the issue …
The cartoon is more convincing than the arguments given in the text …

5.4 Beschreibung eines Diagramms

Diagrammarten

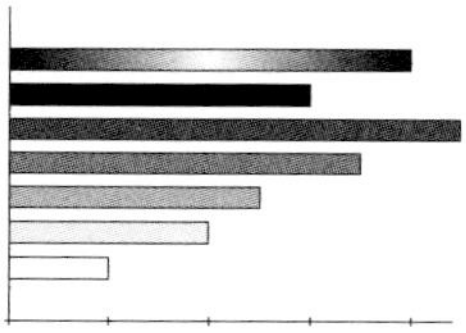

bar chart/graph
(Balken-, Säulendiagramm)

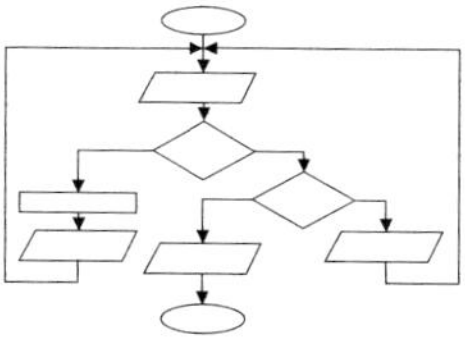

flow chart
(Flussdiagramm)

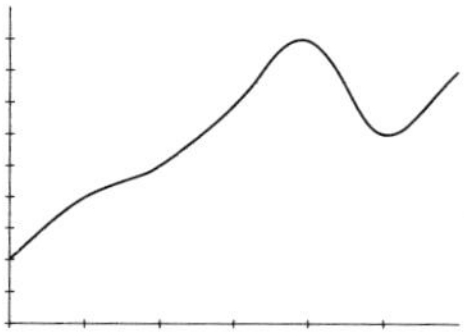

line graph
(Kurvendiagramm)

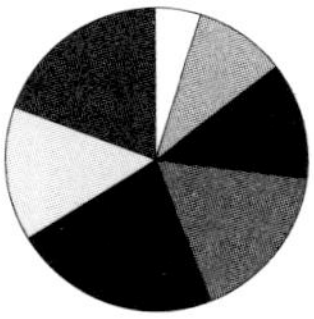

pie chart
(Kreisdiagramm, Kuchendiagramm)

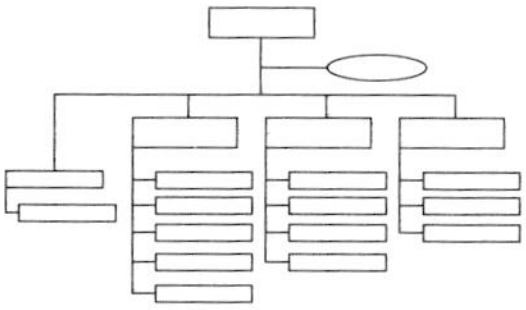

organisation(al) chart
(Organigramm)

Question	Answer
a) What are the conditions that would bring about multiculturalism in a positive sense according to the author?	• individual rights should be guaranteed to everyone (cf. l. 29) • different groups should respect each other (cf. ll. 30/31)
b) What are potential difficulties mentioned in the text?	• growing nationalism and egoism (cf. l. 41) • lack of correct information, insecurity and fears (cf. ll. 56/57)

table
(Tabelle)

Beschreibung des Diagramms

- **Zustand**

to stand at …	In December, sales stood at $22 million.
to remain/stay at …	Losses stayed at $2 million per month between January and March.
to amount to …	*sich belaufen auf, betragen*

- **Zunahme**

to rise/go up/increase by … to …	Costs rose by 5 % to 25 %.
to rise/go up/increase from … to …	Profits went up from 20 % to 25 %.
an increase/a rise of	There was an increase/a rise of 5 %.
an increase/a growth in	There was an increase in sales.
to rocket	*in die Höhe schießen*
to surge	*dramatisch zunehmen*
to double/treble/quadruple	*sich verdoppeln/verdreifachen/vervierfachen*
to increase five-fold, six-fold	*fünffach, sechsfach zunehmen*
to jump to	*in die Höhe schnellen*

- **Abnahme**

to drop/go down/decrease/fall by … to …	Expenses dropped by $ 55,000 to $ 320,000.
to drop/go down/decrease/fall from … to …	Interest rates decreased from 18 % to 16 %.
a drop/decrease/fall of	There was a drop/decrease/fall of 2 %.
a drop/decrease/fall in	Companies experienced a drop/decrease/fall in sales.
to plummet	*stark zurückgehen*
to slump	*zurückgehen*
to fall to a trough	*auf einen Tiefstand fallen*

- **Höhepunkt**

to peak at …	*einen Höchststand erreichen bei* Sales peaked at 5,000 units in December.
to reach a peak of …	Sales reached a peak of 5,000 units in December.

- **Gleichstand**

to level off/out at …	*sich einpendeln bei* Sales levelled out at 4,000 units.
figures do not change	The figures have not changed for years.

- **Tiefpunkt**

to bottom out at …	*einen Tiefstand erreichen bei* Our market share bottomed out later that year at around 25 %.
to reach their/its lowest at …	Profits reached their lowest at 8 %.

- **Adjektive**

slightly/steadly/dramatically/sharply	Sales figures have fallen slightly.
continually *(stetig)* / gradually *(allmählich)*	Profits have gone up continually.
(in)significantly *((un)bedeutend)* / negligibly *(geringfügig)*	Growth is expected to rise insignificantly.

Formulierungen

The pie chart shows …
This is an organisation chart of …
The bar graph demonstrates …
This table gives information about …
The pie chart compares …
As you can see from the pie chart …
Its most significant feature is …
The horizontal axis represents …
The dotted line on the graph represents …
The figures in the table show that …
The figures prove that …
The statistics suggest that …
The diagram makes it clear that …
This implies that …
There is evidence that …

6 *Glossary of literary terms*

1. **Alliteration:** sometimes referred to as **head rhyme** or **initial rhyme**, alliteration is a term we use to describe the **repetition of the initial sounds**, usually consonants, in a line of poetry or in closely adjacent lines. A good poet uses alliteration not just because it sounds nice but because it reinforces the meaning and purpose of the lines in question. Alliteration therefore is used **to create melody**, **establish mood**, **or call attention to important words**. It also highlights similarities or contrasts.

   Example: "Scooping spilt, soft, broken oil with a silver spoon from a flagstone floor. …"
   (*"M-M-Memory" from* The Other Country *by Carol Ann Duffy*)

2. **Allusion:** when a writer alludes to something in the course of writing a poem, he/she refers to **information assumed to be known** by the reader. This can be a reference to a person or a well-known occurrence such as a battle or war, a TV character or a well-known literary character.

   Example: "'An old woman who looked like one of the witches from Macbeth' he said. This allusion was lost on Sally. Seeing her puzzlement he went on, 'wrinkled, don't you know, and hideous and so forth' …"
   (The Ruby in the Smoke *by Philip Pullman*)

3. **Anaphora:** the **repetition** of a word or phrase at the start of a succession of phrases in order to achieve **rhetorical effect**. This is most commonly used in plays or famous speeches.

   Example: "*We shall fight* in France, *we shall fight* on the seas and oceans, *we shall fight* with growing confidence and growing strength in the air, *we shall* defend our island, whatever the cost may be, *we shall fight* on the beaches, *we shall fight* on the

landing grounds, *we shall fight* in the fields and in the streets, *we shall fight* in the hills. *We shall* never surrender."
(Winston Churchill)

4. **Antithesis:** this term refers to the exact **opposite** of something being **highlighted in parallel words or** in the **juxtaposition** of contrasting ideas or phrases.

   Example: BRUTUS "Not that I loved Caesar less, but that I loved Rome more."
   (Julius Caesar *by William Shakespeare*)

5. **Characterisation:** the method an author uses to present his/her characters to the reader. This may involve **physical description**, an account of **speech and behaviour**, a character's **opinions and reactions**, or finally, what a character **feels or thinks** about something.

   Example: "Frances Lennox was a minor, steady, reliable actress, and had never been asked for anything more. This part was in a brilliant new play, a two-hander, and the male part would be taken by Tony Wilde who until now had seemed so far above her she would never have had the ambition to think of her name and his side by side on a poster ..." (The Sweetest Dream *by Doris Lessing*)

6. **Climax:** a group of sentences or clauses which starts with the weakest and then **builds to a high point** in order to achieve effect. The term can also refer to the high point of a story or play.

   Example: "It is an outrage to bind a Roman citizen; to scourge him is an atrocious crime; to put him to death is almost a parricide; but to crucify him, what shall I call it?"
   (Cicero)

7. **Elements of fiction:** certain aspects of a literary work. A criticism or analysis of a book or story might concentrate on any of the following elements: the **action**, the **antagonist** (i. e. the person or force that works against the **protagonist** or hero of the story), the **characters**, the **climax**, the **conflict**, the **dialogue**, the **exposition** (i. e. the part of the story in which the characters first appear, the background is explained and the setting is described), the **falling action** (i. e. the action and dialogue following the climax that lead the reader into the story's end), the **mood**, the **moral**, the **narrator**, the **plot**, the **resolution** (i. e. how everything turns out), the **rising action** (i. e. the central part of the story during which various problems arise after a conflict is introduced), the **setting**, the **style** and the **theme**.

   Example: One of the themes of the short story collection *Dubliners* by James Joyce is human nature and how it is often shaped by confinement and constraints.

8. **Ellipsis:** a stylistic device used to achieve poetic effect by **omitting a word or phrase** which is easily known to the reader.

Example: "And he to England shall along with you." (The word "go" has been omitted between "shall" and "along.")
(Hamlet *by William Shakespeare*)

9. **Euphemism:** a **polite phrase or word** which is used to say something that is considered unpleasant or hurtful in a nice and acceptable manner.

   Example: "He passed away" *(He died).*

10. **Figurative language** takes in such devices as **simile**, **hyperbole**, **personification** and **metaphor**.

    Example: "He clasps the crag with crooked hands
    Close to the sun in lonely lands
    Ring'd with the azure world, he stands.
    The wrinkled sea beneath him crawls;
    He watches from his mountain walls,
    And like a thunderbolt he falls."
    ("The Eagle" by Lord Tennyson)

11. **Foreshadowing** happens when the author gives **hints** about things which will later come to pass in the course of a story.

    Example: In *Julius Caesar* by William Shakespeare, Caesar's wife has nightmares in which she foresees his death (Act II, Scene II):
    Thunder and lightning. Enter CAESAR, in his night-gown
    "Nor heaven nor earth have been at peace to-night:
    Thrice hath Calphurnia in her sleep cried out,
    'Help, ho! they murder Caesar!' Who's within?"

12. **Flashback:** the opposite of foreshadowing. An interruption in the action of a story or work of non-fiction **to show an episode that happened at an earlier time**. A flashback is usually used to provide background information.

    Example: In *The Snows of Kilimanjaro*, Harry Street, who is dying, becomes preoccupied with incidents in his past. In a flashback Street remembers one of his wartime comrades dying painfully on barbed wire on a battlefield in Spain.

13. **Hyperbole: exaggerated form** of language used to increase effect.

    Example: "I could eat a horse" *or* "All the perfume of Arabia could not sweeten this little hand."
    (Macbeth *by William Shakespeare*)

14. **Irony:** a humorous use of words **to imply the opposite** of what they actually mean. There is a contrast between what seems to be and what actually is. We speak of verbal irony, dramatic irony, irony of situation and irony of tone.

    Example: "Moments after Eileen shot herself, having earlier been told that John, her husband, had been killed in the war, he came walking up the drive with his rucksack over his shoulder."

15. **Metaphor:** a figure of speech that **implies comparison** without using "like" or "as". A resemblance is indicated but not expressed directly.

Example: "All the world's a stage." (Not: … is *like* a stage)
(As You Like It *by William Shakespeare*)

16. **Mood:** the overall **emotional effect** created by a piece of literature.

Example: The mood created in the poem "Originally" (Carol Ann Duffy) is a reflective one, full of memories and uncertainty. The poet is considering a time when she lived in a different country and is wondering where she actually comes from. The conclusion of the poem reads "And I hesitate", a finish which contributes to, and is typical of, the overall mood of the poem.

17. **Paradox:** a seemingly **absurd or self-contradictory statement** that is or may be true.

Example: "What a pity that youth must be wasted on the young."
(George Bernard Shaw)

18. **Personification:** the **attribution of human qualities** to something which is not human.

Example: "As the wind undressed the trees, fear grabbed at his throat …"
or "The plane began to creak and protest as it fought its way through the storm."

19. **Plot: pattern of action** in a short story, novel or play. In a book with a good plot all the details are important and are arranged so that the outcome depends on each one and the interaction of all the details with one another. The plot may have a **protagonist** who is opposed by an **antagonist**, creating what is known as **conflict**. A plot may include a flashback or subplot (which might be a mirror image of the main plot).

Example: In Shakespeare's *King Lear,* the relationship between the Earl of Gloucester and his sons mirrors the relationship between Lear and his daughters.

20. **Point of view:** the writer's **choice of narrator** for the story. A writer has three basic choices when it comes to deciding on what point of view will be used in a novel.

Example: **First-person narrator:** the narrator "I" is a character in the story who can reveal only his/her own thoughts and what he/she sees and is told. *Robinson Crusoe* is told from a first-person point of view.
A **third-person narrator with a limited point of view** only reports what one central (or peripheral) character sees and hears (e. g. the *Harry Potter* novels are narrated in the third person and take Harry's perspective).
A **third-person narrator with an omniscient point of view** knows everything and can read the minds of all characters. He/she might also comment on the unfolding story from an outsider's perspective. Jane Austen's *Pride and Prejudice* is told in this manner, at least to a certain extent.

21. **Pun: play on words** to exploit ambiguities in meaning, usually for humorous effect.

Example: Ben Battle was a soldier bold and used to *war's* alarms
But a cannonball took off his *legs* so he laid down his *arms*.

22. **Rhetorical question:** a question to which **no answer is required** because the answer is obvious.

Example: "Who knows?" (The answer "nobody knows" is clear from the question itself.)

23. **Rhyme:** a term we use to describe the **repetition of syllable sounds**. We speak of **end rhyme** and **internal rhyme**. The pattern created by rhyme in a poem is referred to as the rhyming scheme.

Example: "I'm a lean dog, a keen dog, a wild dog and lone;
I'm a rough dog, a tough dog, hunting on my own."
(Irene Rutherford McLeod)

24. **Sarcasm:** particular **type of irony**. Sarcasm is usually intended to be aggressive and is often insulting and aimed at a person.

Example: "You are a wonderful goalkeeper." (To someone who has just conceded nine goals in a match …)

25. **Satire:** a literary work which exposes and ridicules human folly and uses **sarcasm**, **wit** and **irony** to do so. It is usually directed against the injustice of social wrongs, e. g. poverty, corruption.

Example: Famous satirists would include Dryden, Swift, Pope and Orwell. *Animal Farm* (Orwell) and *Gulliver's Travels* (Swift) are among the most famous works of satire ever written.

26. **Setting:** the **time and place** in which the events of a story or novel take place.

Example: The book *Ulysses*, by Irish writer James Joyce, has perhaps the most well-known setting of any modern novel. It is set in Dublin on one particular day in 1904, a day that has since become known as Bloomsday in honour of a character, Leopold Bloom, who appears in the book.

27. **Simile:** a **comparison** of two completely different objects using "**like**" or "**as**".

Example: "Errors, like straws, upon the surface flow …" *(John Dryden)*

28. **Soliloquy:** a **speech** which is spoken by a character in a play at a time when he or she is unaccompanied on the stage.

Example: The best-known soliloquy in the English language is Hamlet's speech in which he utters his famous "to be or not to be" statement.

29. **Stream of consciousness: narrative technique** developed towards the end of the 19th century used to portray the **thoughts and feelings** (and sometimes also actions) **of a character**. It can depict subjective as well as objective reality.

Example: In his work *The Butcher Boy* the Irish author Patrick McCabe uses the stream of consciousness to show his main character's descent into madness.

30. **Symbol:** a word which stands for or is somehow connected to an idea and is therefore a **sign** of something.

Example: The Union Jack stands for Britain. In Robert Frost's poem "Acquainted with the Night" both night and darkness are symbols for death or depression.

31. **Tone:** when a reader refers to the tone of a text, he or she is usually speaking about **the writer's attitude** to the subject he/she is writing about. More specifically, the tone of a text can refer to **the moral outlook**. Tone is sometimes used to describe the overall feeling of a text and thus is related to the mood.

Example (from non-fiction): "I am really looking forward to the awards ceremony for the Best Awards Ceremonies awards, which will be on every TV channel soon. It will have everything: film, music, twerking, smirking, a red carpet from here to the moon along which everyone who has ever done anything ever in show business will parade in the hope of winning best melt-down, best teleprompter reading, best sobbing. It will be glamorous beyond belief because awards are for people who already have them."

(excerpt from Suzanne Moore's article "I'm sick of award ceremonies – they simply reflect our culture of entitlement", *The Guardian*, 19 February 2014)

This newspaper article employs a very ironic tone to emphasise the author's criticism of award ceremonies and their uselessness.

Abiturprüfung 2020 Englisch (Hessen)
Leistungskurs

Prüfungsteil 1 (Sprachmittlung) – Vorschlag A: *Alternative lifestyles*

Material: Gabriele Riedle: Twin Oaks in den USA. Die älteste Hippiekommune der Welt (2017)

1 Es ist Sommer im Herzen Virginias, auf dem Gelände einer alten Tabaksfarm und in den dazugehörigen Wäldern der Landkommune Twin Oaks, 100 Meilen südwestlich von Washington D.C. Überall Sonnenflecken im Blätterwerk, Überfluss von Licht und Schatten und in den Lüften der Soundtrack der Vögel. Beim Mittag- und zum Abendessen Kommunarden[1] an Tischen aus grobem, verwittertem Holz unter den Bäumen. Danach Großabwasch im Kollektiv. [...]

Tatsächlich gibt es in Amerika nach wie vor Hunderte so genannter Intentional Communities, Gemeinschaften, die mehr sind als bloße Zweckbündnisse zum Wohnen, sondern die eine bestimmte Idee des Zusammenlebens verfolgen. Twin Oaks ist jedoch die älteste, noch existierende Hippiekommune der Vereinigten Staaten. Gegründet wurde sie 1967, im legendären „Summer of Love", als in Amerika plötzlich alles möglich schien. Jetzt feiert Twin Oaks 50-jähriges Jubiläum. Inzwischen leben 91 Erwachsene hier, die Jüngsten Anfang 20, die Ältesten hoch in den 70ern, dazu 15 Kinder. In den acht Gemeinschaftshäusern unter Bäumen hat jeder nur ein winziges Zimmer. Einige Bewohner sind erst seit kurzem hier, andere schon seit 20, 30 und einer sogar seit 49 Jahren. Die Kommunarden leben hauptsächlich von der eigenen Landwirtschaft samt Milchkühen und Hühnern sowie vom Verkauf von Hängematten und Tofu, selbst produziert mit geradezu protestantischer Arbeitsdisziplin in 42 Pflichtstunden pro Woche.

Twin Oaks ist auch die älteste der so genannten egalitären Kommunen, in denen das Einkommen miteinander geteilt wird, und keiner mehr haben soll als der andere. Es gibt auch kein Führungspersonal und keine Hierarchien. Dies ist die radikalste Form des gemeinschaftlichen Lebens. [...]

Es findet sich hier in Twin Oaks jetzt ein Querschnitt der amerikanischen Mittelklasse auf engstem Raum. Frauen und Männer, Weiße und Schwarze, Junge und Alte, Wissenschaftler und Schulabbrecherinnen, Buchhalterinnen und Sozialarbeiter, viele hatten gleich mehrere Berufe. Wie aufgeschmissen man als Einzelner sein kann, bei Arbeitslosigkeit, bei Krankheit, im Alter, oder auch nur, wenn man den Kindern eine gute Bildung ermöglichen will!

Utopie, das war früher Verheißung und Zukunft. Inzwischen jedoch scheint oftmals selbst das Mittelklasseleben fast utopisch geworden zu ein. So ist die Kommune für viele nicht zuletzt ein Zufluchtsort, der ihnen Sicherheit bietet, vor dem, was in Amerika unerträglich geworden ist. Oder schlicht vor dem Kapitalismus. Der wird hier in diesem Paralleluniversum im Wald ganz einfach außer Kraft gesetzt.

Wie alle anderen hier hat auch Keenan, 58 Jahre alt, sämtliche Aufstiegschancen in den Wind geschlagen, als er kurz nach seinem Studium der Betriebswirtschaft nach Twin Oaks kam. Statt, wie geplant, Unternehmer zu werden und viel Geld zu verdienen, entschied er sich doch für das ganz andere Leben. Jetzt läuft er meistens mit einem Werkzeug in der Hand über das Gelände, denn er kümmert sich hauptsächlich um alles, was mit dem Bau und der Instandhaltung von Gebäuden zu tun hat.

„Wer nach Twin Oaks kommt, kann niemals reich werden. Das schockiert viele Amerikaner. Reich zu werden ist für die meisten eines der wichtigsten Ziele überhaupt. Selbst sehr arme Menschen glauben, dass sie eines Tages reich werden können. Aber wenn du Mitglied von Twin Oaks wirst, versprechen wir dir, auf gar keinen Fall reich zu werden. Auf der anderen Seite wirst du in Twin Oaks niemals arm sein. Du wirst immer eine Krankenversorgung und eine Arbeit haben. Deine Kinder werden gesund sein und du kannst sie gut erziehen. Twin Oaks wird mit einem Handstreich chronische gesellschaftliche Probleme los. Es gibt hier keine Arbeitslosigkeit, keine Kriminalität, keine Armut. Es gibt keine verwahrlosten oder missbrauchten Kinder. Vielmehr folgen wir dem Gedanken der Gleichheit und dass sich um jeden gekümmert wird.“[2]

Gabriele Riedle: Twin Oaks in den USA. Die älteste Hippiekommune der Welt, *in: Deutschlandfunk Kultur, 29. 08. 2017, URL: http://deutschlandfunkkultur.de/twin-oaks-in-den-usa-die-aelteste-hippiekommune-der-welt.979.de.print?dram:article_id=394320*

1 *Kommunarden* – members of a commune
2 *Die Aussage ist dem zuvor beschriebenen Bewohner Keenan zuzuordnen*

Aufgabe

You are participating in an internet project on alternative lifestyles with other European students and have found a suitable article.

Write an e-mail to your project coordinator (a teacher) outlining life at Twin Oaks and the philosophy behind the commune. (Material) (100 BE)

Prüfungsteil 2 (Schreiben) – Vorschlag B 1: *Men and women in love*

Wählen Sie Vorschlag B 1 oder B 2 zur Bearbeitung aus.

Material 1: William Shakespeare: A Midsummer Night's Dream (excerpt from the play, 1595/96)

In Act 1 Scene 1, Egeus is filing a complaint to Theseus, the Duke of Athens. Therefore, he presents his daughter, Hermia, and the two men, Lysander and Demetrius, who wish to marry her.

Egeus Full of vexation come I, with complaint
Against my child, my daughter Hermia.
Stand forth[1], Demetrius! – My noble lord,
This man hath my consent to marry her.
Stand forth, Lysander! – And my gracious Duke,
This man hath bewitched the bosom of my child.
Thou, thou, Lysander, thou hast given her rhymes,
And interchanged love-tokens with my child.
Thou hast by moonlight at her window sung
With feigning voice verses of feigning love,
And stolen the impression of her fantasy,
With bracelets of thy hair, rings, gauds, conceits,
Knacks, trifles, nosegays, sweetmeats[2] – messengers
Of strong prevailment[3] in unhardened youth;
With cunning hast thou filched[4] my daughter's heart,
Turned her obedience, which is due to me,
To stubborn harshness. And, my gracious Duke,
Be it so she will not here, before your grace,
Consent to marry with Demetrius,
I beg the ancient privilege of Athens;
As she is mine, I may dispose of her;
Which shall be either to this gentleman
Or to her death, according to our law
Immediately provided in that case.

Theseus What say you, Hermia? Be advised, fair maid.
To you your father should be as a god,
One that composed your beauties; yea, and one
To whom you are but as a form in wax
By him imprinted, and within his power
To leave the figure, or disfigure it.
Demetrius is a worthy gentleman.

Hermia So is Lysander.

Theseus In himself he is;
But in this kind, wanting your father's voice[5],
The other must be held the worthier.

Hermia I would my father looked but with my eyes.

Theseus Rather your eyes must with his judgement look.

Hermia I do entreat your grace to pardon me.
I know not by what power I am made bold,
Nor how it may concern my modesty
In such a presence here to plead my thoughts;
But I beseech your grace that I may know
The worst that may befall me in this case,
If I refuse to wed Demetrius.

Theseus Either to die the death or to abjure
For ever the society of men.
Therefore, fair Hermia, question your desires,
Know of your youth, examine well your blood,
Whether, if you yield not to your father's choice,
You can endure the livery[6] of a nun,
For aye[7] to be in shady cloister mewed[8],
To live a barren sister[9] all your life,
Chanting faint hymns to the cold fruitless moon.
Thrice blessèd they that master so their blood
To undergo such maiden pilgrimage;
But earthlier happy is the rose distilled
Than that which, withering on the virgin thorn,
Grows, lives, and dies in single blessedness[10].

Hermia So will I grow, so live, so die, my lord,
Ere I will yield my virgin patent up
Unto his lordship, whose unwishèd yoke[11]
My soul consents not to give sovereignty.

Theseus Take time to pause, and by the next new moon, [...]
Upon that day either prepare to die
For disobedience to your father's will,
Or else to wed Demetrius, as he would,
Or on Diana's altar to protest
For aye austerity and single life[12].

Demetrius Relent, sweet Hermia; and, Lysander, yield
Thy crazèd title to my certain right[13].

Lysander You have her father's love, Demetrius;
Let me have Hermia's – do you marry him.

Egeus Scornful Lysander, true, he hath my love,
And what is mine my love shall render him;
And she is mine, and all my right of her
I do estate unto[14] Demetrius.

Lysander I am, my lord, as well-derived as he,
As well-possessed: my love is more than his,
My fortunes every way as fairly ranked,
If not with vantage[15], as Demetrius';
And, which is more than all these boasts can be,
I am beloved of beauteous Hermia.
Why should not I then prosecute my right?
Demetrius, I'll avouch it to his head,
Made love to Nedar's daughter, Helena,
And won her soul; and she, sweet lady, dotes,
Devoutly dotes, dotes in idolatry,
Upon this spotted and inconstant man.

Theseus I must confess that I have heard so much,
And with Demetrius thought to have spoke thereof;
But, being over-full of self-affairs,
My mind did lose it. […]
For you, fair Hermia, look you arm yourself
To fit your fancies to your father's will;
Or else the law of Athens yields you up
(Which by no means we may extenuate)
To death, or to a vow of single life.

[After discussing the obstacles put in their way, Hermia and Lysander decide to marry secretly nevertheless.] *(720 words)*

William Shakespeare: A Midsummer Night's Dream*, Cambridge 6. Aufl. 1997, S. 5–11*

1 stand forth – step forward
2 With bracelets of thy hair, rings, gauds, conceits, / Knacks, trifles, nosegays, sweetmeats – giving her locks of your hair, rings, toys, trinkets, knickknacks, little presents, flowers, candies
3 prevailment – pressure
4 filched – stolen
5 wanting your father's voice – as your father does not give consent
6 livery – clothes
7 for aye – forever
8 mewed – confined
9 barren sister – nun
10 But earthlier happy is the rose distilled / Than that which, withering on the virgin thorn, / Grows, lives, and dies in single blessedness. – A married woman is happier on earth, she is like a rose which is made into a perfume, while a nun just withers away on the stem.
11 yoke – constraint
12 Or on Diana's altar to protest / For aye austerity and single life – Or to take a vow to spend the rest of your life as a virgin priestess of the moon goddess.
13 yield / Thy crazèd title to my certain right – Stop acting like she is yours as I have every right to her.
14 to estate unto – to give to
15 vantage – advantage

Material 2:

Piktogramm: miceking 123rf.com

(64 words)

Aufgaben

1. Summarize the excerpt from Act 1 Scene 1 of Shakespeare's play. (Material 1) (30 BE)

2. Compare the situation (Material 1) to "Othello". (40 BE)

3. Choose **one** of the following tasks: (30 BE)

3.1 "How Shakespeare's women are perceived depends on contemporary attitudes." *(Jane O'Brien: "Shakespeare's evolving attitudes towards women" in: BBC News, 2015)*

Assess the influence of "contemporary attitudes" on the perception of Desdemona at the beginning and at the end of the play.

or

3.2 Taking the two pictures (Material 2) as a starting point and referring to material dealt with in class, write an article for a lifestyle magazine about love and marriage.

Prüfungsteil 2 (Schreiben) – Vorschlag B 2: *Class system*

Material: David Robson: How important is social class in Britain today? (2016)

Like it or loathe it, many see the class system as a quintessential element of British life, together with our obsession for tea and cake and talking about the weather.

"Class distinctions do not die; they merely learn new ways of expressing themselves," the British sociologist Richard Hoggart once wrote. "Each decade we shiftily declare we have buried class; each decade the coffin stays empty." A quick perusal of the foreign media would certainly paint a picture of a rigid class system, especially compared to places like the USA where ambition, talent and elbow grease[1] are thought to be the only limits.

But how well does this stereotype really hold up? Is the British class system still as entrenched as it ever was? Or are those old distinctions a thing of the past, best left behind with the corsets and top hats of our period dramas[2]? These questions have been difficult to answer with any certainty, but recent data has offered some surprising insights.

[…] Considering factors like education, salary, professions, and household ownership, the BBC's own Great British Class Survey discovered seven distinct classes in total, with an elite (representing roughly 6 % of the population) residing above a wide spectrum of working and middle classes.

Perhaps a more pertinent question, then, is not whether class distinctions exist, but whether it is possible to move out of one pigeonhole and into another. Just how much does your family's background influence how well you can expect to do in life? The general consensus would seem to be that social mobility has increased with improvements in education and social welfare, but is it really that clear-cut?

One fascinating case study comes from the Up series of documentaries by Michael Apted. Picking 14 children of various backgrounds, who were all aged seven in 1964, the producers filmed them on a trip to London Zoo before following their progress every seven years after.

A few of the children have managed to change their circumstances through hard work and discipline. One boy, Nick, who grew up on a farm, is now a successful physicist living and working in America; another, Lynn, grew up in the less salubrious areas of London's East End, but has forged a successful career as a university librarian. In general, however, the series has lacked any truly astonishing rags-to-riches tales. As the New Yorker[3] concluded in its review of the latest edition, 56 Up[4]: "The British class system has its protections at every level, but also – at least to American eyes – a built-in inertia. None of Apted's subjects have become alcoholic or drug-addicted, but the predictability of most of the individual fates – working-class kids rising slightly, rich kids staying rich – makes one impatient."

According to a 2010 report by the Organisation for Economic Cooperation and Development, Britain is indeed among the worst countries for certain measures of social mobility, with the parents' wealth strongly influencing the child's prospects of higher education and a good salary.

Even so, there had been a steady average rise in the population after World War Two, with each child expecting to be slightly better off than their parents. Unfortunately, the relative proportions of people moving up or down a class now seems to be reversing. "More men and women are experiencing downward mobility and fewer of them experience upward mobility than before," says Erzsebet Bukodi at the University of Oxford, who calls it "the dark side of the Golden Age of Mobility" – with more people at the top, more have the potential to fall.

The trouble is, the fabric of our society has so many strands, it can be difficult to disentangle all the potential factors that could influence your status. One potential issue is that most previous studies have only examined two generations – parents and children – whereas your class may depend on many more branches of the family tree. Tak Wing Chan at University College London, for instance, has found that a child is two-and-a-half times as likely to have a professional or managerial job, if their grandparents were of a higher class. It could be that the grandparents pay for education, help with child care, or offer a network of contacts that could boost their grandchild's work opportunities.

With these more distant ties, social class may be even less elastic than we thought – even if one generation pulls away, the next may be tugged backwards thanks to the broader connections of their family at large. "If you want to predict someone's outcome, you don't just look at their parents – but also their uncles and aunts, their grandparents and great-grandparents," says Gregory Clark at the University of California, Davis. "They are all predictive."

[…] In fact, he found long-term social mobility to be very slow indeed, calculating that it takes around 10 generations for someone at the highest or lowest levels of society to reach the middle classes. That's about the same rate of change you might expect from purely biological features, such as height. Most surprisingly of all, that rate of social mobility remained remarkably stable – even after the monumental changes of the Industrial Revolution and the introduction of universal education. *(858 words)*

David Robson: How important is social class in Britain today?, *07. 04. 2016, https://www.bbc.com/future/article/20160406-how-much-does-social-class-matter-in-britain-today*

1 elbow grease – figure of speech to show that hard work is needed
2 period drama – The term refers to a work set in the past, usually used in the context of film and television.
3 The New Yorker – an American magazine
4 56 Up – edition of the Up Series

Aufgaben

1. Outline Robson's findings on social class in Britain today. (Material) (30 BE)

2. Examine the intention of the text and the means the author uses to present the situation of social class in contemporary Britain. (Material) (40 BE)

3. Choose **one** of the following tasks: (30 BE)

3.1 "A quick perusal of the foreign media would certainly paint a picture of a rigid class system, especially compared to places like the USA where ambition, talent and elbow grease are thought to be the only limits." (Material)

Write a letter to the editor in which you comment on the quotation, also referring to the situation of Asian Americans.

or

3.2 According to the Centre for Social Investigation at Nuffield College, ethnic minorities are more likely to live in poverty and more likely to experience unemployment than white Britons.

Assess this statement, referring to the text and to material dealt with in class.

Lösungsvorschlag

Prüfungsteil 1 (Sprachmittlung) – Vorschlag A: *Alternative lifestyles*

Teaching modules referred to:
The task refers to the thematic focus Manifestations of individualism *(Q 1.3), in particular to the key term* concepts of life (Leben in der Stadt und auf dem Land, Ausstieg aus der Gesellschaft).

When writing to your project coordinator, you need to consider the conventions of a formal email, beginning with a suitable salutation and a complimentary close. Refer to the project and the article at hand as well as to the purpose of your mail.
Since you are dealing with a language mediation the formal aspects of this genre have to be observed: a reference to the addressee, the situation and the choice of a suitable linguistic register (cf. "Hinweise zur Lösung von Aufgabenstellungen – 1 Sprachmittlungsaufgabe"*). By using shortening strategies and omitting unnecessary details and examples, you can summarize the text.*
Your text should contain the following information:
- ***Character of the commune:***
  - *Oldest hippy settlement in the backwoods of Virginia*
  - *About 100 people from different walks of life, age and professional background*
- ***Regulations:***
  - *Sustainability, no hierarchies, equality, shared property*
  - *Communal activities, personal security, good education for the children, escape from capitalism*

Dear project leader,

As a participant of our internet project on alternative lifestyles I write to you today because I found a very commendable article about the oldest hippy commune in the United States. The article is about Twin Oaks and as it describes the character of this commune, its people and their rules, I reckon the American perspective might give our European project some background about the history and origins of so-called intentional communities. There are still hundreds of these communes in the States, but this community in the backwoods of Virginia was already founded in 1967, the legendary summer of love and it has about 100 members from all walks of life, of different ages and professional training. Some members have just moved in recently, while others have been living there for decades. People live in tiny rooms in a community house, have shared meals at lunch and dinner, have to work 42 hours every week and are either craftsmen, farm workers or they manufacture products. They are committed to sustainability, equality and dislike hierarchies with the result that everyone earns the same and no-one will get rich. But as an escape from capitalism they enjoy personal security, health insurance and are able to provide a good education for their children. I hope this information is useful.

Best wishes,
Inez

(222 words)

Prüfungsteil 2 (Schreiben) – Vorschlag B 1: *Men and women in love*

Teaching modules referred to:
The assignment relates to the topic Human dilemmas in fiction and real life *(Q 3.1), especially to the reading of Shakespeare's play* Othello. *It also refers to the topic* Gender issues *(Q 3.3), in particular to the key concept* culture and gender – now and then. *The cross-curricular reference is established by part one of the examination* (Prüfungsteil 1).

1. *Your summary should be introduced by an umbrella sentence stating author, title, genre (source), year of publication and content – in this case of the opening of the play. The essence of the scene needs to be outlined in your own words and in a short and succinct way, omitting unnecessary detail and examples, also avoiding close dependence on the text. The general conventions of a summary must be observed: present tense, no direct speech, neither quotations nor comments and adjusting references to location, time and characters. Your version should not exceed one third of the original (about 240 words).*
   Your summary should contain the following main points:
   Egeus' complaints and demands:
   – *Accuses Lysander of having bewitched his daughter*
   – *As a consequence, she would refuse to marry Demetrius*
   – *Egeus insists on his privileges as a father*
   Theseus:
   – *As the Duke of Athens, he reminds Hermia of her filial duties*
   – *Confirms paternal rights in Athens*
   – *Gives Hermia three options: to obey her father, to be sentenced to death or to live as a nun*
   Hermia:
   – *Asks for Theseus' mercy but rejects his suggestion*
   Demetrius:
   – *Insists on Hermia obeying her father*
   Lysander:
   – *Tries to make Egeus change his mind*
   – *Claims that his rival loves another woman*

The excerpt at hand is from Act 1, Scene 1 of Shakespeare's play *A Midsummer Night's Dream*, first published between 1595 and 1596. It deals with Egeus' attempt to claim his paternal right of enforcing his daughter's marriage with Demetrius in front of the Duke of Athens. Egeus accuses Lysander of having bewitched his daughter who as a result resisted his wish to marry Demetrius. He vehemently claims his right as a father and insists on her obedience, otherwise she would have to die. Theseus reminds Hermia of her duties as a daughter to obey her father and demands that she consider her case from her father's point of view. But Hermia just asks for Theseus' mercy because she is in love with Lysander and does not want to enter into this matrimony. She even points out that Lysander is as worthy a gentleman as Demetrius. Theseus, in his turn, offers her the choice between death and becoming a nun in case she keeps refusing to marry Demetrius. When Hermia continues to reject this suggestion, Theseus offers her respite for a few days to reconsider her attitude. Lysander tries to make Hermia's father change his mind and tells him that Demetrius loves another woman anyway. He also argues, in front of Egeus, that he is just as well off as Demetrius, if not in a more advantageous position. But Theseus emphasizes Egeus' paternal right to decide who his daughter is allowed to marry. *(243 words)*

2. *You have already established some main aspects of the situation in task 1; these have to be further explored with a focus on such examples that lend themselves to a comparison with characters from the play* Othello. *In* Midsummer Night's Dream *these entail: the paternal right to choose his daughter's marriage partner; love itself is not relevant for selecting your partner, instead ancestry, financial situation and future prospects are more important (as shown in ll. 77–80). On the other hand there is the daughter's decision to resist her father. You should also provide evidence from the text by means of quotes.*
Your argumentation would then refer to similarities and differences in the play Othello.
Similarities:
- *Both fathers disagree with their daughters' choice of a marriage partner.*
- *Both appeal to a higher authority.*
- *Both reproach their daughters' partners with having used witchcraft.*
- *Both daughters resist their fathers' wishes in favour of supposedly true love and secretly marry.*

Differences:
- *Egeus visits the Duke on his own accord, Brabantio is incited by other people.*
- *Desdemona and Othello are already married, Egeus still hopes to prevent a marriage.*
- *Egeus is primarily interested in his paternal rights, whereas Brabantio wants to see Othello in prison and his daughter is dead to him.*
- *The Duke of Venice asks Brabantio to accept the marriage (that has already taken place), the Duke of Athens wants Hermia to fulfill her father's wishes.*
- *Brabantio is in a forgiving mood, Egeus seems unpersuadable.*
- *Lysander claims to be as worthy as his rival, Othello is held in high esteem in Venetian society but his skin colour, origin and age get in the way.*

The way Egeus presents himself in the given scene shows that he is not interested in his daughter Hermia's wishes and insists on his rights as a father: "I beg the ancient privilege of Athens; / As she is mine, I may dispose of her" (ll. 20/21). This shows that he simply regards his daughter as his object, overruling any feelings of the lovers, which he dismisses as unimportant or even as a result of witchcraft. In ancient Athens, love does not play any role in selecting your partner, whose choice rather depends on ancestry, financial status and future prospects. This principle is also referred to by Lysander when he uses it to support his case: "I am, my lord, as well-derived as he, /As well-possessed: my love is more than his; / My fortunes every way as fairly ranked, /

If not with vantage, as Demetrius'" (ll. 77–80). Hermia strongly resists her father's imposition and insists on having her own way. Instead of giving in to her father's demand to marry Demetrius, she wants to know from the Duke of Athens what the consequences would be for her: "But I beseech your grace that I may know / The worst that may befall me in this case / If I refuse to wed Demetrius" (ll. 42–44). Even threatened with her own death or having to become a nun as a result of disobedience she does not relent and is willing to accept her fate (cf. ll. 59–62).

Similarities between *A Midsummer Night's Dream* and *Othello* begin with the two fathers in the plays, Egeus and Brabantio who both disagree with their daughters' choice of a husband. Egeus complains, in front of the Duke of Athens, about his daughter's refusal to marry the man chosen by him: "Turned her obedience, which is due to me / To stubborn harshness" (ll. 16/17). Desdemona's father Brabantio strikes the same chord when he, in front of the Duke of Venice, deplores the loss of his daughter: "She is abused, stolen from me, and corrupted / By spells and medicines bought of mountebanks" (act 1, scene 3). And just like Hermia's father he appeals to a higher authority to get a ruling to his taste. Also, both fathers reproach their daughters' partners with having manipulated them by means of witchcraft. Egeus: "This man hath bewitched the bosom of my child" (l. 6), Brabantio: "Sans witchcraft could not" (act 1, scene 3). A further parallel can be found in the fact that both daughters defy their fathers' wishes in favour of true love and secretly do marry; Roderigo, Desdemona's unsuccessful suitor, confirms this to her father in their meeting right at the beginning of the play: "Brabantio: Are they married, think you? Roderigo: Truly I think they are" (act 1, scene 1). In Hermia's case this is established by stage directions (cf. ll. 98/99).

A number of distinct differences between the two plays are also obvious. Firstly, Egeus visits the Duke on his own accord and strongly demands an official decision concerning his paternal rights. Brabantio on the other hand, at first seems to be unaware of his daughter's secret marriage but is incited to act by Iago and Roderigo. Another difference is that Egeus still hopes to be able to obstruct his daughter's wedding (cf. ll. 17–19) but, as mentioned above, Brabantio has to realise that his daughter has already married Othello.

This leads to another difference in the plays' constellations. Egeus is primarily interested in enforcing his rights as a father and even willing to accept his daughter's death: "Or to her death, according to our law / Immediately provided in that case" (ll. 23/24). Brabantio, on the other hand, wants to see Othello in prison: "To prison, till fit time / Of law and course of direct session / Call thee to answer" (act 1, scene 2). Apart from the fathers' role there are also differences in the authorities' reactions. The Duke of Venice asks Brabantio to accept his daughter's marriage to Othello: "Good Brabantio, take up this mangled matter at the best" (act 1, scene 3) and rules: "Let me speak like yourself and lay a sentence / Which as a grise or step may help these lovers / Into your favour" (act 1, scene 3). As a consequence, Brabantio shows a forgiving attitude and is willing to pardon Desdemona if she can convince him that she acted on her own free will (cf. act 1, scene 3). With certain reservations he finally accepts Othello as her daughter's husband: "Come hither, Moor: / I here do give thee that with all my heart / Which, but thou hast already, with all my heart / I would keep from thee" (act 1, scene 3). In contrast to him, Egeus is in an unforgiving mood and insists on Hermia's marriage to Demetrius (cf. ll. 73–76). Differences also extend to the situation of the two male lovers; Lysander argues that "my fortunes every way as fairly ranked, / If not with vantage, as Demetrius'" (ll. 79/80). Othello does not have this privilege; although he is well-esteemed in Venetian society, his skin colour, ancestry and age are in his way and speak against him. *(881 words)*

3.1 *As a starting point and based on the given quote, the character of Desdemona in the play* Othello *should be analysed in some detail, especially changes in her personality at the beginning and ending of the play. The way contemporary attitudes towards women influence this perception needs to be considered as well as the relationship between female role expectations of today and those in Shakespeare's time. Before writing you should have a closer look at the play's beginning and ending and collect appropriate quotations to show this development and support your arguments.*
The following aspects could be mentioned:
First impressions of Desdemona:
- *Defined by other characters even before entering the stage*
- *Iago's comparison with animals*
- *Brabantio's belief in her innocence and accusations against Othello*
- *Elizabethan views: the weaker sex, male protection, obedience required*
- *Today's perception: Elizabethan views are unacceptable, Desdemona as a puppet, immature, weak*
- *Othello's image of Desdemona: compatible with modern attitudes*
- *Desdemona's self-image: self-confident, purposeful, calm and restrained, respectful of her father*
- *Seems to know her place in society, but ready to stick to her belief*
- *Outrageous in Elizabethan times but from today's perspective courageous, independent, strong*

The reversal of Desdemona's image:
- *Desdemona turns into a submissive and reticent person when defending her fidelity*
- *Even takes responsibility for her own death*
- *Elizabethan world view: death corrected her attempt to turn gender expectations upside down*
- *Self-determination brought about her downfall*
- *Audience left dissatisfied from a contemporary perspective, Desdemona of act 1 would have been able to defend herself*

Even before Desdemona enters the stage, other characters in the play convey a number of different impressions about her personality. Talking to her father, Iago says of Desdemona: "an old black ram / Is tupping your white ewe" (act 1, scene 1) with the intention to incite Brabantio against Othello. But Brabantio does not believe this as he has a completely different image of his daughter: "A maiden never bold; / Of spirit so still and quiet that her motion / Blushed at herself" (act 1, scene 3) and defends her against all accusations: "a maid so tender, fair, and happy, / So opposite to marriage

that she shunned / The wealthy curled darlings of our nation" (act 1, scene 2). He cannot imagine that she got married without his consent. This is why he calls Othello a thief who bewitched and stole his daughter from him and he considers this connection as unnatural. Brabantio's attitude is in accordance with Elizabethan views regarding women as the weaker sex in need of male support, who have to obey their fathers or other male family members and then marry the man selected by their father and who is befitting to their rank. From a modern perspective this is a gender perception that women cannot identify with in Western culture. In this context, Desdemona appears like a puppet, immature and weak.
Othello, on the other hand, conveys an impression of Desdemona which is compatible with our modern views. It is that of a woman with a thirst for knowledge and a passionate personality, who devoured his words: "with a greedy ear / Devour up my discourse" (act 1, scene 3) and who at the end of his tale confessed her love to him: "if I had a friend that loved her, / I should but teach him how to tell my story, / And that would woo her" (act 1, scene 3).
When Desdemona appears she expresses her wishes and emotions, her love of Othello and her intention to follow him to Cyprus, in a self-confident manner, without allowing any doubts to get in the way. But she remains calm and restraint even when her father threatens to disown her, showing respect and deference towards him: "My noble father, I do perceive here a divided duty: / To you I am bound for life and education, / My life and education both learn me / How to respect you. You are the lord of my duty" (act 1, scene 3). As a daughter she knows her place in society and yet is ready to carry her point. What will seem outrageous from an Elizabethan viewpoint is perceived today as courageous, independent and strong.
At the end of the play Desdemona's image is reversed. As bold and self-confident as she appeared in defending her love to Othello in front of her father she now turns into a submissive and reticent person when she has to answer for her alleged infidelity to Othello. Finally, she even takes full responsibility for the murder Othello committed when Emilia asks: "O, who hath done this deed?" she answers: "Nobody; I myself, farewell: / Commend me to my kind lord, O, farewell!" (act 5, scene 2). In the Elizabethan world view Desdemona's death corrected her attempts to turn traditional gender expectations upside down. Her self-determination seems to have brought about her downfall. From a contemporary viewpoint the audience is certainly left dissatisfied because a Desdemona of act 1 would have been able to defend her life as a self-confident and strong person rather than merely staving off her death with small gestures.

(603 words)

3.2 *The task requires writing an article for a lifestyle magazine on the topic of love and marriage, starting with the two given pictures. You should also refer to materials dealt with in class. You need to consider typical elements of such an article like a catchy headline, a motivating introduction and a formal language style.*
Possible aspects of your article could be:
Referring to the pictures:
- *Both photos stand for stereotypes of love and marriage*

- *T-shirt with 'game over' shows a fettered bridegroom*
- *Wedding magazine depicts a happy bride with perfect dresses for every season and the slogan "make your day magical"*
- *Wedding as the highlight of a woman's life*
- *Magic and romantic day often connected with high cost*
- *To many men less important, stag night starting the end of freedom*

Materials dealt with in class you could refer to:

- *Comparing attitudes towards love and marriage in Shakespeare's plays and his sonnet 116*
- *Arranged marriages in different cultures, women married much younger in former times, wife had to be submissive and obedient*
- *Reference to different attitudes in other cultures*
- *Dynastic marriage: gaining territory, securing privileges*

"Till death do us part?" – the changing faces of matrimony

With a divorce rate of currently 40 to 50 per cent (in the US) and slightly less in Germany (35 per cent in 2018) matrimony has ceased to be a recipe for success. Or is it? Over time customs and traditions may have changed but for many young people a wedding is still one of the most important events in their lives – if they can afford it.
Special magazines are aplenty, showing happy brides with perfect dresses for all seasons, propagating glamour on a budget and romantic beaches for a perfect honeymoon. Tips and tricks comprise ways to set up tables and recipes for menus, exciting veils and accessories and – if not most prominently – how to get the hair you want as a bride. The bridegroom is less of an object for the magic day.
A typical t-shirt designed for the stag night shows his side: with the caption 'game over' it shows a supposedly married couple with the male spouse wearing a human ankle or ball hobble.
Both images of contemporary marriages present certain stereotypes: that of a bride for whom matrimony is the highlight of her life, often being yearned for and prepared for for ages, bound to be unique, magical and the most beautiful day in her life – but frequently connected with high cost. For men, so the cliché goes, this day is of less importance than the preceding stag night marked as the end of freedom once they are getting married.
Things could not have been more different in Shakespeare's time. In the Elizabethan age marriages were rarely a matter of romance or mutual love but, depending on one's position in society, they took place for very different reasons. The bride's father selected the husband for economic, societal or cultural reasons, daughters had to obey and had no say in the choice of their husbands. Also, women often married at a much younger age than today and occasionally much older men, who, on the other hand, had to secure their wives' lifestyle.
There were, however, certain exceptions – as Desdemona's example in the play *Othello* shows. She was able to marry against all odds, without her father's permission and overcame prejudices of her time against skin colour, origin and social customs. The

couple even did stay married "till death do us part", unfortunately Desdemona's husband ended her life because he was eaten up by jealousy and pushed into the murder by his malicious "friend" Iago.

Particularly in the higher echelons of society, namely the aristocracy, marriage also served a practical purpose, often to round up a territory or securing a clan's hereditary sequence. But Shakespeare also dealt with love and marriage on a much lighter note. His sonnets mostly conveyed a message that went against the culture of his time.

His sonnet 116 in particular shows an attitude towards love and marriage quite adverse to the Elizabethan world view. Here love is an unchanging ideal, in Shakespeare's metaphors and words it "looks on tempests and is never shaken, not time's fool" and "bears it out even to the edge of doom", in other words "till death do us part". This most quoted of his sonnets even goes one step further by referring to a "marriage of true minds" and love as a guiding star to lost ships.

However romantic or (again) modern these notions may sound, it took years for things to change, especially the role of women and their freedom of choice. In Europe in the 1960s, for example, married women were only allowed to work if their husbands gave their consent, they did not have their own bank account and were often financially dependent on their spouses. And even in the 21st century there are still cultures which subdue women, forbid divorces and perpetuate female dependency, the sharia and arranged marriages being a case in point.

So, however romantic or self-determined marriages would appear at least in Western cultures, the situation of women has taken a long time to generate independence and freedom and maybe this ideal marriage is in danger of being curbed again nowadays by the peer pressure of costly celebrations and pessimistic prospects as documented in the current divorce rates. Perhaps a little less glamour would put young people on a better footing as far as love and marriage are concerned. *(729 words)*

Prüfungsteil 2 (Schreiben) – Vorschlag B 2: ***Class system***

Teaching modules referred to:
The assignment relates to the teaching module Great Britain – past and present: the character of a nation *(Q 2.1), especially the topic* Great Britain – tradition and change *(Q 2.1). A further reference is established by the teaching module* Manifestation of individualism *(Q 1.3), and in particular to the keyword the* American Dream as a manifestation of individualism*, and the module* Living in the American society *(Q 1.2), with a focus on the topic* the American way of life. *The cross-curricular reference is also established by part one of the examination* (Prüfungsteil 1).

1. *The task "outline" requires you to give the main features of the text without commenting on them and in a shortened version. You need to avoid direct quotations, close textual references and omit unnecessary details and examples. Use your own words and, in an umbrella sentence, mention the author, the title, the source, the date of publication and the topic.*
   Points you might consider are the following:
   - *Class system as a constituent element of British society*
   - *Only low social mobility*
   - *Education and professional success of children largely depend on their parents' wealth.*
   - *Grandparents' social status influences grandchildren's prospects.*
   - *Social rise or decline into the middle class takes generations.*

   The article "How important is social class in Britain today?" by David Robson, published at the BBC Website on April 7, 2016, describes what the class system in Great Britain of today looks like and how fast or slow social mobility occurs. The author refers to a BBC survey describing seven classes in total with a small elite and a high proportion of middle and working classes. The results of another study in which the lives of 14 Britons had been followed over several years showed that among the tested persons there were only few examples of social rise and that the class system as a whole was rather rigid. Nowadays, in many cases the likelihood of social rise would be lower than that of decline. Another report indicated that in terms of social mobility Great Britain was in a rather bad position and that the degree of education and the professional income of children were related to their parents' wealth. According to another study, the class affiliation of grandparents was important for the professional success of their grandchildren as well, since they supported their offspring with money for education or with child care. As a result, the impact of origin on social class is more complex than expected and differs from generation to generation. In order to predict one person's performance in economic and social terms the whole family background would have to be taken into account. Social mobility in Britain is very slow and it takes around ten generations to move from both the highest or lowest class to the middle class. *(264 words)*

2. *You are asked to analyse the author's intention in a first step. Rereading the article about social class in Britain, you had best gather relevant statements first and show his argumentation in a coherent way, backing your own text with appropriate quotations.*
These aspects will be relevant:
- *The author intends to give a broad survey of research about the present situation of the class system in Britain.*
- *He would like to show how slow and interminable social advancement is in Great Britain.*
- *He confronts optimism about social mobility with reality.*
- *His position is mainly conveyed by the way he presents sources, but he clarifies his regret about the current situation.*

The second assignment requires you to examine the means employed by the author to delineate the situation of the British class system. In this context the following should be considered:
- *Text structure: introduction, rhetorical questions, summarising different sources, studies and statistics*
- *Stylistic means: questioning existing perceptions and assumptions of the British public and the author himself*
- *Choice of words and metaphors: negatively connoted adjectives, death simile, immovability of the class system*
- *Reference to period dramas, indicating an antiquated social system*
- *Quoting sources to increase credibility and objectivity*

In his article, David Robson aims at giving a broad survey of research into the contemporary situation of the class system in Great Britain. He maintains that social advancement is still very difficult and tedious and he counters prevailing optimism about growing social mobility with a glance at reality and by quoting British sociologist Richard Hoggart, "Each decade we shiftily declare we have buried class; each decade the coffin stays empty." (ll. 4/5). In this way he intends to overcome beliefs referring to education and social provision: "The general consensus would seem to be that social mobility has increased with improvements in education and social welfare, but is it really that clear-cut?" (ll. 18–20). The author's opinion is mainly conveyed by the way he presents sources, but still he makes his conviction heard as well, "Unfortunately, the relative proportions of people moving up and down a class now seems to be reversing" (ll. 40/41).
In order to delineate the situation of the British class system and to get his opinion across the author structures his article in a specific way, uses a number of stylistic devices, a certain choice of words and relies on sources and selected information. As far as structuring the text is concerned, already in the introductory paragraph a recurrent hope in Great Britain is indicated, namely that the class system might be overcome, "Like it or loathe it, […] 'Class distinctions do not die'" (ll. 1–3). At the same time the author points out that this hope is in vain and that the class system is still a constituent part of British society. As a bridging passage rhetorical questions are used which serve to introduce the article's topic as to whether the class system is still alive

and what the current data look like. These questions are answered in the main part of the text, which summarises different sources, surveys and statistics.

These sources are organized by the author to produce a distinct guiding thread: starting with the actually existing class structure, followed by sources about social mobility the argumentation leads to the manifold factors influencing a person's social status. The final conclusion once more shows that in Great Britain social mobility is slow. Rhetorical questions serve to query the reader's own perception as well as that of the author and the British public respectively. Examples are "is it really that clear cut?" (l. 20), or "Is the British class system still as entrenched as it ever was? Or are those old distinctions a thing of the past best left behind with the corsets and top hats of our period dramas?" (ll. 8–10).

The way words and metaphors are chosen indicate a rigidity of the class system for example by negatively connoted adjectives such as "rigid"(l. 6) or "entrenched" (l. 9). The following quote selected by the author is to show how immovable the class system actually is by using a death metaphor: "each decade the coffin stays empty" (l. 5). A reference to period dramas presenting an antiquated image of British life insinuates how outdated the British social system really is. Even connections to historical events are drawn upon: the rigidness and lack in flexibility of the class system would become obvious as even after historic milestones hardly any social mobility was able to take place. By quoting statistics, research results and selected data the argumentation gains higher credibility and objectivity. In this way, a broadly based picture of the current state of the British class system is generated. *(590 words)*

3.1 *In this task you are expected to compose a letter to the editor taking the given quote as a starting point that, in the USA, not class affiliation but rather ambition, talent and personal initiative are thought to guarantee success. As a comment on this statement your letter would contain a salutatory address, date, conventional greeting, formal language use and linguistic structures.*

Depending on material dealt with in class, the following points might be mentioned:

- *References to the foundations of the American Dream, contradicting a class system and focusing on initiative and willingness of the individual*
- *References to the frontier and connected can-do spirit*
- *References to individual success stories of immigrants and to Asians as model minority*
- *Contradictions to the quote: from the beginning ethnic groups were excluded from the American Dream and equal chances, e. g. Asian workers*
- *References to the US social structure: no aristocracy but a traditional elite, educational opportunities in dependence of income and to the so-called WASPs*

March 19, 2020

Dear Sir/Madam,

I am writing to you today in a response to an article on your BBC website about the British class system. My attention was particularly drawn to David Robson's opinion that in contrast to the situation in Great Britain the USA was a society not based on class affiliation; on the contrary, ambition, talent and personal initiative were supposed to enable success. Given his detailed data about the outdated British class system and his regret about the lack of social mobility the author's comparison or rather juxtaposition seems to work well at first glance.

After all, as early as in the Declaration of Independence the so-called American Dream saw its foundation in the promise that everyone would be able to enjoy equality and his individual pursuit of happiness. This dream did not only attract millions of immigrants following the Statue of Liberty's announcement: "Give me your tired, your poor, your huddled masses yearning to breathe free". It also fostered, at least some time ago and for a while, American values like the ideals of the self-made man, who can make it from rags-to-riches, and the can-do spirit, which still seems to prevail in the US. Historically all these notions were encapsulated in the frontier spirit of the 19th century and "Manifest Destiny", the American belief that the US were "destined" to expand across the continent.

But at this stage I would also like to draw your attention to the fact that "Manifest Destiny" did not work for everyone in the same and positive way. It was, for instance, used by Democrats and Republicans to justify the war against Mexico, it cost the lives of thousands of Native Americans who were forcefully removed from their traditional hunting grounds to make room for White settlers and it did not stop slavery in the US until after the Civil War – with repercussions not even entirely resolved during the Civil Rights Movement in the 1960s. As mixed as these historical connotations might seem in hindsight – many positive but with a lot of downsides – the same I find true for contemporary US society.

A case in point is the situation of the Asian communities in the States. I have first-hand experience of this from my exchange with my Asian host family in Wisconsin last year. On the one hand, many are able to live their Asian-American Dream by redesigning their Chinese or Japanese identity and embracing the American culture to feel included and enjoy their personal success stories in education or commerce. But it is also true that right after the end of the Obama administration right wing populists and even White supremacists increased in number and influence again and effectively poisoned public opinion against ethnic minorities and unwanted immigrants. My own host family is, from time to time, still subject to some forms of discrimination, admittedly more in a cultural sense when some of their traditional activities are frowned upon.

What makes things more complicated and sometimes worse is the resurging phenomenon of what used to be called WASPs in the last century. Although there is no aristocracy in the US this traditional elite group of White Anglo-Saxon Protestants can still be found in the leadership of political parties, the staff of certain universities and in the American establishment overall. They are typically wealthy and well-connected, and although the term WASPs has a negative connotation their children seem to do better in education and professional careers.

So, despite all the success stories during and after the Civil Rights Movement and affirmative action to increase the number of students from ethnic minorities there are growing parallels to the class-ridden British society and, at least from my point of view, David Robson's opinion can only be supported with some reservation. I hope that in the light of present issues and tribulations, the American Dream will not turn into an

American Nightmare. This would be a betrayal of the ideals of the Founding Fathers and their Declaration of Independence.

Yours faithfully,
Felix Sebastian

(670 words)

3.2 *As you are required to assess a statement about poverty in Great Britain you first need to establish the issues and reasons involved and paraphrase them using your own words. In a second step, you should discuss its implications by referring to materials dealt with in class, either literary texts and/or newspaper articles about Islamophobia or immigrants from Eastern Europe and other discriminated against minorities. Short stories like "Loose Change" can be drawn upon to include experiences of members of ethnic minorities.*

You might want to include the following reasons:

- *Members of ethnic minorities often lack the wealthy background of other classes that would enable them to attend prestigious universities or schools other than through grants.*
- *Immigrant children are not able to profit from professional connections available to members from upper classes.*
- *Ethnic minorities face prejudices limiting careers and promotions.*
- *The difficulties to integrate into British society hamper professional advancement.*
- *Formation of ghettos in English cities create problems for children to learn the language or receive proper education.*

The issues raised in the given statement refer to disadvantages and financial setbacks ethnic minorities experience in Great Britain. The Centre for Social Investigation at Nuffield College found, in their research, that unemployment and a life in poverty are more likely to be found among members of such minorities. This is reflected in a number of sources from both literature and the media which show the experiences of members of ethnic minorities. Many of them are not only much more poorly off than people in mainstream society but are also subject to Islamophobia, prejudices and being discriminated against. Similarly, immigrants from Eastern Europe, members of different cultures and foreigners in Britain generally suffer from hostile public opinion, which also strongly influenced the recent Brexit. Reasons for these negative circumstances are manifold and need to be analysed in some detail.

A case in point is the presentation of the characters in the short story "Loose Change" by Andrea Levy, which describes the encounter of two women in London's National Portrait Gallery. The first-person narrator is the grandchild of post-war Caribbean immigrants and an established citizen of London. She is in need of some small change and approaches Laylor who has just arrived from Uzbekistan together with her brother. The two political refugees are homeless and live rough on the streets of London. Laylor is the only one in the gallery to help the narrator and the two women get into a conversation during which the narrator has half a mind to offer Laylor a place in her pleasant and cultivated London home. She remembers the stories of the negative experiences of her Caribbean grandmother who only survived in Great Britain with the help of a

stranger. But in a twist in the story she abruptly leaves Laylor taken aback by her unkempt appearance and abandons her original plan to offer her shelter. In the story the protagonist cannot resist her prejudice against immigrants from Eastern Europe and homeless people in spite of her family's background which shows some parallels.
Andrea Levy also published an essay with the title "How I learned To Stop Hating My Heritage" in which she gives an account of her experiences of discrimination and racism and how she was able to identify with her ancestry in spite of regular questions like how long she and her family intended to stay in Britain. Often less privileged Britons live in separate areas of the cities. When Levy went to art college it was the first time she got into contact with middle class people. She hid the fact that she lived on a council estate to avoid further discrimination. Levy's own experience shows how prevalent racism and social class discrimination still exists in England even if it comes disguised in seemingly "harmless" questions, so called microaggressions, which people of colour and other minorities have to face every day.
Racist stereotypes and cultural prejudices hold back members of ethnic minorities and lead to unemployment and poverty. Economic factors create unfortunate and even miserable conditions for them. Often they are immigrants or their descendants and do not have enough capital or financial help from their parents or grandparents to afford higher education. If they are not awarded a grant they cannot afford to attend expensive public schools or prestigious universities. Immigrant children cannot profit from professional connections available to better-off or privileged families. Members of ethnic minorities are hampered in their professional careers or not awarded promotions in jobs when they have to face prejudices or are discriminated against.
Finally, documentaries and newspaper reports about the formation of ghettos in Northern English cities like Bradford or Sheffield show that immigrant children are disadvantaged in their peer group because they lack opportunities to learn the English language or because of the poor school education in those areas.
All these examples indicate that despite some progress in terms of successful professional careers or cultural adaptation ethnic minorities still belong to the most disadvantaged members of British society. White Britons are, in most cases, in a much better position in terms of earning money, securing jobs for themselves and receiving a good education, a fact that directly leads to more cases of poverty and unemployment, unproportionally high for members of minority groups. *(708 words)*

Abiturprüfung 2021 Englisch (Hessen)
Grundkurs

Prüfungsteil 1 (Sprachmittlung) – Vorschlag A: *South Africa's struggling economy*

Material: Wolfgang Drechsler: Schwächelnde Wirtschaft am Kap: Merkel besucht das Land der Blackouts (2020)

Kapstadt. Pünktlich um 20 Uhr erlöschen an der Kapstädter Atlantikküste in vielen Restaurants und Wohnhäusern die Lichter. Wo kurz zuvor noch das Leben pulsierte, ist es plötzlich zappenduster. Die Küche im Steakhaus nebenan muss den Betrieb einstellen, weil der Rauchabzug ohne Strom nicht funktioniert und das Notstromaggregat wegen seines Lärms für die umliegenden Wohnungen nicht angeschaltet werden darf. Sechs Tage in Folge passiert dies nun schon. Stromabschaltungen sind in Südafrika zum Alltag geworden. […]

Die Wirtschaft in Afrikas einzigem Industriestaat ist schwer angeschlagen. Und die fortgesetzten Stromabschaltungen könnten den Niedergang beschleunigen. Wieder einmal droht dem Land eine Rezession. Selbst wenn diese noch vermieden werden könnte, ist die Wachstumsrate am Kap mit derzeit kaum 0,5 Prozent für ein Schwellenland extrem niedrig. Weltbank und Internationaler Währungsfonds erwarten für das Gesamtjahr weniger als ein Prozent Wachstum.

Dabei bräuchte das Land zum Abbau seiner Armut und einer Arbeitslosenquote von rund 30 Prozent mindestens das Fünffache. „Südafrika ist in ein tiefes Loch gefallen und wird, um wieder herauszukommen, seine vielen Krisen viel offener als bisher angehen müssen", sagt Ann Bernstein vom Centre for Development and Enterprise in Johannesburg.

Die ständigen Blackouts sind für die Menschen am Kap vor allem deshalb so demoralisierend, weil ein Ende der Engpässe nicht in Sicht ist. Mindestens 18 Monate müsse das Land wegen der nun forcierten Instandhaltungsarbeiten mit noch häufigeren Stromabschaltungen rechnen, sagte gerade erst der zu Jahresbeginn neu ins Amt gekommene Eskom[1]-Chef Andre de Ruyter.

Dies könnte neben vielen Kleinunternehmen vor allem dem Goldbergbau den Todesstoß versetzen. Allein in diesem Sektor sind nach Aussagen der Bergbaukammer mehr als ein Drittel aller Arbeitsplätze gefährdet, wenn der Strom noch öfter ausfalle oder teurer werde. Nicht umsonst stellte Bergbauminister Gwede Mantashe am Montag zur Eröffnung einer Minenkonferenz in Kapstadt überraschend den Aufbau eines alternativen Stromerzeugers in den Raum, allerdings ohne Einzelheiten zu nennen. […]

Die Kanzlerin will in Südafrika und […] in Angola Reformansätze in den Ländern „stützen". Auch will sie die Wirtschaftsbeziehungen mit Südafrika neu ankurbeln, die in den vergangenen Jahren unter einer ausgesprochen wirtschaftsfeindlichen Politik des regierenden Afrikanischen Nationalkongresses (ANC) gelitten haben.

Der darauf folgende Quasi-Investitionsboykott weiter Teile der Geschäftswelt ist auch diplomatischen Kreisen nicht verborgen geblieben.

Die Botschafter fünf westlicher Staaten, darunter Deutschland, hatten vor anderthalb Jahren die Gründe für das trübe Investitionsklima in einem Schreiben an die Regierung aufgelistet: Regulierungswut[2], lange Visaverfahren[3], Sorgen wegen einer neuen Enteignungsklausel[4], aber auch der unzureichende Investitionsschutz. Südafrika hat vor sechs Jahren seine Investitionsschutzabkommen[5] mit vielen westlichen Staaten einseitig aufgekündigt – und diese nie durch gleichwertige Verträge ersetzt.

Statt die Vorschläge der Diplomaten zur Verbesserung des Investitionsklimas ernsthaft zu prüfen, wurden sie von weiten Kreisen im ANC sofort als inakzeptable „Einmischung" abgetan und als ein „Vorwand zur Rekolonisierung des Landes" verworfen. Seitdem verläuft die Initiative im Sand. Rund 600 deutsche Unternehmen sind in Südafrika tätig. Deutschland ist nach China der zweitgrößte Handelspartner des Landes.

Wolfgang Drechsler: Schwächelnde Wirtschaft am Kap: Merkel besucht das Land der Blackouts, in: Handelsblatt, 05. 02. 2020, URL: https://www.handelsblatt.com/suedafrika-schwaechelnde-wirtschaft-am-kap-merkel-besucht-das-land-der-blackouts-/25509854.html?ticket=ST-1945453-UmqN9qYIaj91XYvpgSjv-ap2

1 Eskom – South African electricity company/supplier
2 Regulierungswut – mania for regulations
3 Visaverfahren – visa procedures
4 Enteignungsklausel – expropriation clause
5 Investitionsschutzabkommen – investment protection agreement

Aufgabe

You are a member of a joint South African and German team preparing the visit of German politicians and economists to South Africa.

To inform the South African members in your team about the media coverage in Germany, write an email outlining the information that is given about South Africa's economy in the article. (100 BE)

Prüfungsteil 2 (Schreiben) – Vorschlag B 2: *Fighting against discrimination*

Material: Martin Luther King, Jr.: Why we can't wait (1964)

The following text is taken from the introduction of a 1964 book by African American civil rights activist Martin Luther King, Jr. It deals with the nonviolent protests of 1963 during the heyday of the Civil Rights Movement.

It is the beginning of the year of our Lord 1963.

I see a young Negro[1] boy. He is sitting on a stoop in front of a vermin-infested apartment house in Harlem. The stench of garbage is in the halls. The drunks, the jobless, the junkies are shadow figures of his everyday world. The boy goes to a school attended mostly by Negro students with a scattering of Puerto Ricans. His father is one of the jobless. His mother is a sleep-in domestic, working for a family on Long Island.

I see a young Negro girl. She is sitting on the stoop of a rickety wooden one-family house in Birmingham[2]. Some visitors would call it a shack. It needs paint badly and the patched-up roof appears in danger of caving in. Half a dozen small children, in various stages of undress, are scampering about the house. The girl is forced to play the role of their mother. She can no longer attend the all-Negro school in her neighborhood [...]. The girl's father is a porter in a downtown department store. He will always be a porter, for there are no promotions for the Negro in this store, where every counter serves him except the one that sells hot dogs and orange juice.

This boy and this girl, separated by stretching miles, are wondering: Why does misery constantly haunt the Negro? In some distant past, had their forebears done some tragic injury to the nation, and was the curse of punishment upon the black race? Had they shirked in their duty as patriots, betrayed their country, denied their national birthright? Had they refused to defend their land against a foreign foe?

Not all of history is recorded in the books supplied to school children in Harlem or Birmingham. Yet this boy and girl know something of the part of history which has been censored by the white writers and purchasers of board-of-education books[3]. [...] The boy's Sunday-school teacher has told him that one of the team who designed the capital of their nation, Washington, D. C., was a Negro, Benjamin Banneker. Once the girl had heard a speaker, invited to her school during Negro History Week. This speaker told how, for two hundred years, without wages, black people, brought to this land in slave ships and in chains, had drained the swamps, built the homes, made cotton king and helped, on whiplashed backs, to lift this nation from colonial obscurity to commanding influence in domestic commerce and world trade.

Wherever there was hard work, dirty work, dangerous work – in the mines, on the docks, in the blistering foundries – Negroes had done more than their share.

The pale history books of Harlem and Birmingham told how the nation had fought a war over slavery. Abraham Lincoln had signed a document that would come to be known as the Emancipation Proclamation[4]. The war had been won but not a just peace. Equality had never arrived. Equality was a hundred years late.

The boy and the girl knew more than history. They knew something about current events. [...] They knew that Negroes living in the capital of their own nation were confined to ghettos and could not always get a job for which they were qualified. They knew that white supremacists[5] had defied the Supreme Court and that southern governors had attempted to interpose themselves between the people and the highest law of the land. They knew that, for years, their own lawyers had won great victories in the courts which were not being translated into reality.

They were seeing on television, hearing from the radio, reading in the newspapers that this was the one-hundredth birthday of their freedom.

But freedom had a dull ring, a mocking emptiness when, in their time – in the short life span of this boy and girl – buses had stopped rolling in Montgomery; sit-inners[6] were jailed and beaten; freedom riders[7] were brutalized and mobbed; dogs' fangs were bared in Birmingham; and in Brooklyn, New York, there were certain kinds of construction jobs for whites only.

It was the summer of 1963. Was emancipation a fact? Was freedom a force?

The boy in Harlem stood up. The girl in Birmingham arose. Separated by stretching miles, both of them squared their shoulders and lifted their eyes toward heaven. Across the miles they joined hands, and took a firm, forward step. It was a step that rocked the richest, most powerful nation to its foundations.

This is the story of that boy and that girl. This is the story of *Why We Can't Wait.*

(763 words)

Martin Luther King, Jr.: Why we can't wait, *New York 1964, pp. ix–xi.*

1 Negro – old-fashioned term for African American, nowadays generally considered politically incorrect

2 Birmingham – *here:* Birmingham, Alabama

3 board-of-education books – books provided by an education authority

4 Emancipation Proclamation – declaration changing the legal status of more than 3.5 million enslaved African Americans from slave to free after 1862

5 white supremacist – a person who believes that the white race is inherently superior to other races and should therefore be in control over others

6 sit-inners – people occupying an area as a form of protest

7 freedom riders – civil rights activists who violated segregation rules of public transport as a form of protest

Aufgaben

1. Outline the information on the life of African Americans in the 1960s as presented in the text. (30 BE)

2. Analyze the structure and language used to convey Martin Luther King's message. (40 BE)

3. Choose **one** of the following tasks: (30 BE)

3.1 "Across the miles they joined hands, and took a firm, forward step. It was a step that rocked the richest, most powerful nation to its foundations."

Assess what situations call for mass protest. Consider both the situation described in the text as well as more recent examples.

or

3.2 For the website of the European Youth Forum, a platform of non-governmental youth organisations, write a blog entry in which you evaluate the effectiveness of ways of fighting different forms of discrimination in western societies.

Lösungsvorschlag

Prüfungsteil 1 (Sprachmittlung) – Vorschlag A: *South Africa's struggling economy*

Keep in mind that your email has to contain an outline of the article at hand. This requires you to omit minor details. Mark the main statements in the article while reading and start off by addressing the members of the team, naming the topic and quoting your source.

Information on the South African economy in the article:

- *Blackouts in South Africa are leading further towards recession.*
- *According to the World Bank and the International Monetary Fund (IMF) the annual growth rate for 2020 was very low at less than one per cent.*
- *The blackouts are expected to continue for at least another 18 months due to the system's overhaul.*
- *This and the rising costs of energy will lead to several small companies going bankrupt and seriously damage the gold mining industry. It is expected that more than a third of all the jobs will be lost.*
- *The German chancellor wants to support reforms in South Africa and Angola and strengthen the economic ties between Germany and South Africa again.*
- *These had suffered under the politics of the leading party ANC in South Africa.*
- *The ambassadors of five western countries had previously described the reasons for the bad investment climate, which included a certain mania for regulations, long visa procedures and expropriation clauses.*
- *Large sections of the ANC rejected the criticism as an inacceptable attempt to get involved and "recolonise" the country.*

Dear members of the team in South Africa,

To prepare for the upcoming visit, I would like to inform you about the German media coverage of the economic situation in South Africa. In an article by Wolfgang Drechsler, which was published in *Handelsblatt* in 2020, the author starts off by describing how the regular daily power cuts are causing business to come to a standstill in Cape Town after 8 pm. The author predicts that these power cuts will contribute to the downfall of the economy and that South Africa will be facing a new recession, as the growth rate is extremely low. To reduce poverty and to curb the unemployment rate of 30 %, the country needs a growth rate that is five times higher.

As power cuts are expected to continue and to increase for at least 18 months due to maintenance and repair work, many small enterprises and the gold mining industry will be at risk. Over a third of the jobs in the mining sector are under threat due to power shortages and rising electricity prices.

The German chancellor is attempting to support reforms and to boost economic relations with South Africa which have deteriorated over the last few years due to the anti-business policy of the ANC. In a letter to the government, the ambassadors of five western countries described overregulation, complicated visa procedures, expropriation clauses and insufficient protection of investments as the reasons for the dismal investment climate.

The ANC's rejection of these suggestions as unacceptable interference and as a pretext for the "recolonisation" of the country caused the initiative to fail. About 600 German companies operate in South Africa and Germany is South Africa's second most important trading partner after China.
I hope this information will contribute to the preparation for the visit!

Many regards,
Silvia

(303 words)

Prüfungsteil 2 (Schreiben) – Vorschlag B 2: *Fighting against discrimination*

Teaching modules referred to:
The text at hand refers to the teaching module The USA – the formation of a nation (Q 1.1) *focusing in particular on the topic* landmarks of American history: Civil Rights Movement.

1. ***Step 1:*** *Read Material 1 carefully and highlight parts of the text that give information on the life of African Americans in the 1960s.*
   Step 2: *Start with an introductory sentence that mentions the text type, the title, the author, the year of publication and the topic.*
   Step 3: *Present the main features of African American life in the 1960s as described by Martin Luther King, Jr. An outline doesn't have to be extremely detailed. Refer to*
   - *the housing situation: poor housing, "ghetto" neighbourhoods with many addicts;*
   - *children and their education: segregated schools, sometimes girls were not able to attend school as they had to take care of younger siblings;*
   - *working life: few jobs, low wages, long working hours, no careers possible;*
   - *success of activism in court versus political realities.*

   The introduction to the book *Why we can't wait* by Martin Luther King, Jr., published in New York in 1964 explains the ways in which Black people in the US were still disadvantaged in the 1960s and why so many protests were organised in the summer of 1963.
   Black people had to live in bad housing conditions and segregated ghettos, where many of them were unemployed and some were even addicted to alcohol or drugs. Black children had to attend segregated schools and were left on their own after school. Black girls often did not even have access to a school education at all because they had to care for younger siblings. Their mothers could not look after them because they worked as female servants who had to sleep at the places where they worked. Additionally, Black workers did not stand a chance of getting a promotion even if they were qualified for it. Some jobs were only available for White people.
   Even though slavery had been abolished one hundred years before, the Supreme Court had made racial segregation illegal and courts ruled in favour of Black activists, some

states and politicians refused to follow suit and Black life was still overshadowed by racial discrimination. *(205 words)*

2. ***Step 1***: *Read the extract from the book by Martin Luther King, Jr. again. Highlight rhetorical devices that you can find in the extract.*
   Look for
   - *anaphors,*
   - *the rule of three/enumerations,*
   - *metaphors and*
   - *rhetorical questions.*

   Step 2: *Take a look at the structure of the extract. How does Martin Luther King, Jr. use the "Negro boy" and the "Negro girl" to make his point?*
   - *Specific examples provide a frame for the text.*
   - *"Negro boy" and "Negro girl" represent all Black people in the US.*

   Step 3: *Explain how this structure and the rhetorical devices help Martin Luther King, Jr. to emphasise his message.*
   - *Stylistic devices typical of a speech*
   - *Purpose of the text is to rouse people to fight discrimination.*

Martin Luther King, Jr. uses the example of the life of a typical "Negro boy" from Brooklyn and a typical "Negro girl" from Birmingham as a frame for his introduction to illustrate the disadvantages that Black people still had to suffer in the 1960s. The cities of Birmingham and New York are not chosen randomly, as mass protests took place in these cities in 1963.
His text almost sounds like a speech. To make it more accessible, he often uses the rule of three by giving three examples. To portray life in the ghettos, for instance, he mentions the "drunks, the jobless, the junkies" (ll. 3/4). He describes the kind of work that Black people always had to do in the past as "hard work, dirty work, dangerous work" (l. 30). To show how omnipresent the anniversary of the Emancipation Proclamation was, he says, they were "seeing [it] on television, hearing [it] from the radio, reading [it] in the newspapers" (l. 43).
Martin Luther King, Jr. also uses another rhetorical device that is typical of speeches, the rhetorical question, several times (ll. 15–19) in his introduction. With these questions, he points out that there was no valid reason for discriminating against Black people. Black people did not deserve that kind of treatment at all because they had contributed a great deal to building that nation. His rhetorical questions are also used to contrast the labour-intensive work they had done with the fact that they are still treated unfairly.
Martin Luther King, Jr. uses anaphoric structures ("They knew" ll. 36, 37, 38 and 41) to emphasise that Black people were well aware of the political developments in these years, where the court ruled in their favour but politicians still refused to accept the court's decisions.
The author also makes his text more vivid with metaphorical expressions. To give two examples: he uses the metaphor of a "pale history book" (l. 32) to allude to the fact

that the history books were written by White people, and he says that "freedom had a dull ring" (l. 45), as if freedom were a bell that could be heard.
All in all, Martin Luther King, Jr.'s text is composed like a speech with typical rhetorical devices that are used in speeches (anaphor, rule of three, rhetorical questions, etc.). The introduction does not give an overview of what the book is going to be about; instead it is a call for action. Martin Luther King, Jr. uses the example of the "Negro boy" and "Negro girl" to explain why protests intensified in 1963 and rounds off with the powerful metaphor that they "joined hands and took a firm, forward step" (l. 53). Here, the "Negro boy" and the "Negro girl" symbolise all Black people and those who supported them and protested together in 1963. *(472 words)*

3.1 ***Step 1***: *Remember situations that have led to mass protest in recent years. You might think of aspects like*
- *the environment/climate change,*
- *racism,*
- *health care.*

Step 2: *Structure the examples you have found and explain their nature. Start with the situation given in the text and then refer to other kinds of mass protest in the last couple of years.*
Step 3: *Come to a conclusion as to what the situations that led to mass protest all have in common.*

Whenever people's basic rights are infringed and people sense that politicians are not really tackling the issues at hand, they feel the need to start a mass protest in order to be seen and heard. It makes people feel active and empowered and can sometimes even change the course of history.
In the text, Martin Luther King, Jr. describes the unjust situation which made protest inevitable. Even though slavery had been abolished, Black people had still not received equal rights. Protests had been beaten down violently; Black people still had to endure poverty, bad housing conditions and unequal job opportunities. That is why he called for action and encouraged people to join his protest, which changed history for Black people.
Today, young people often feel that politicians do not really consider their future when they govern the country. They notice that politicians are sometimes more concerned about the present or the next election than about what will be the result of their policies for the next generation in twenty or thirty years. Furthermore, young people under 18 are not allowed to vote to create change. So when the Fridays for Future movement started with Greta Thunberg, many young people felt heard and joined the protest. Environmental issues often lead to mass protest, be it the Fridays for Future movement or the more radical Extinction rebellion. Protestors think that change is urgent and that that is why they need to be seen and heard immediately. Shocking events also often lead many people to rethink the realities and therefore to protest. The nuclear disaster in Fukushima, for example, served as the kind of eye-opener that led many people to join the anti-nuclear movement.

Another reason why people join together to protest is when their basic rights are infringed. The COVID pandemic was a completely new situation for politicians and rash decisions had to be made. Many people could not believe the urgency of the situation because no pandemic had ever occurred in their lifetime. That is why many people did not trust politicians to make the right decisions. Some felt that public life should have been shut down much earlier and some thought no lockdown was necessary at all. Because the situation was generally overwhelming and hard for people to understand, many of them turned to mass protest.
The reunification of Germany is an example that shows that mass protest really can change the course of history. One of the reasons why the wall that separated East and West Germany finally came down was the continued protest that had started with young people and the Beat movement in the '60s and continued with the peace movement and Monday demonstrations in the '70s and '80s with the slogan "We are the people" or "We are one people". When people realise that they can mobilise the masses, they are often more powerful than political regimes in the end, even though politicians criminalise their protests and meet them with violence.
To sum up, we could say that mass protests are often started because of existing inequalities in a society or dissatisfaction with politics. Sometimes there is an additional outside event that triggers the protest which is covered by the media and is therefore noticed and seen by many people as being relevant. When protests grow, protestors feel more and more powerful and political establishments start to react either by criticising the protests or even beating them down violently or by taking over some of their policies. *(582 words)*

3.2 ***Step 1***: *In this task you are asked to "evaluate the effectiveness of ways of fighting different forms of discrimination in western societies". "Evaluate" means you need to compare ways of fighting discrimination and judge whether you think they are successful or not.*
Before you can do the task, you need to figure out which "forms of discrimination" you want to refer to. You can explain this in the first paragraph.
Step 2: *Then you need to brainstorm to find what ways there are to fight against discrimination.*
Step 3: *Finally, you assess what their advantages or limitations are.*

What is discrimination?

Discrimination means that people are treated differently or excluded because they belong to a certain group.
There is discrimination, for example, because of age – so called ageism – which means that children or old people are denied certain rights just because of their age.
There is also ableism, which means that people consider abled people to be the standard and create a world that suits those that can walk, hear and talk "properly", and so on. If you are in a wheelchair or you are blind or deaf, our world is not constructed in a way that enables you to participate, which means that you are excluded or disabled. Activists say that it is incorrect to think of people as having a certain disability but that

"normal" people create a society that is only accessible for abled people and excludes everyone else. The disability is therefore not part of the disabled person but is something that is created by society as a result of not thinking of everybody's needs.
In addition, of course, there is sexism, racism and discrimination against the LGBTIQ+ community. Discrimination occurs when we treat people differently because they do not fit into what we think of as normal in our society.

Our goal

Our goal should be that we create a society in which everyone is able to participate.

How to initiate change

Why anti-discrimination laws are often ineffective

The most obvious way to fight discrimination is to create laws that ban discrimination. This is sometimes difficult, however, because it is hard to prove that you have been discriminated against. When you have a job interview, for example, and you are not the candidate selected, you often do not know why. Is it because you are Black, female and too old for the job or was there just a candidate who was better suited to the job? As there is often no proof that people have been discriminated against, a law banning discrimination is often not very effective.
Furthermore, there are certain group dynamics which obstruct change. If a group has to pick additional group members, there is always a tendency to pick people that are similar. If the group is male, males are most often picked; if it consists of White people only, White people are more likely to be chosen. It is a psychological mechanism that is at work, but most of the time it is impossible to prove that this was the actual reason behind the decision.

Quotas and reverse discrimination

As laws that ban discrimination often do not work effectively, governments sometimes decide to establish quotas regarding employment. However, if you install a quota for race or for gender, for example, other discriminated groups will argue that they are still left out. If there is a quota for gender, should there be one for transgender people as well? It is almost impossible to design a fair system and at the same time allow employers to still choose people that are actually qualified for the advertised position. Critics also argue that quotas lead to reverse discrimination, which means, for example, that male candidates feel disadvantaged if they make up 70 per cent of the applications but the law requires that 50 per cent of the positions have to be staffed with female workers.

Activism – what we need to do

Another way of fighting discrimination is through activism for groups that are disadvantaged. People who are discriminated against in a society often do not have a voice that is heard or the energy to make it heard. In daily life, a single mother with a "disabled" child has to put all her energy into making a living, talking to health insurance companies or doing all the necessary paperwork to get a better wheelchair, for example.
If we want to create an inclusive society, we need to speak up for groups suffering from discrimination and to raise awareness for them. We need to become informed so

that we notice discrimination, we need to talk about it and we need to do our best to abolish it. Although it is undeniably true that journalists have an obligation here and it is the job of the politician to play their part, everyone needs to be included in order to initiate change.

All of us need to speak up, protest and act differently to create the caring society we wish for. *(735 words)*

* *The words "Black" and "White" are capitalised to signal that they are not natural categories but social ones (for more background information on this topic see, for example https://www.theatlantic.com/ideas/archive/2020/06/time-to-capitalize-blackand-white/613159/).*

Abiturprüfung 2021 Englisch (Hessen)
Leistungskurs

Prüfungsteil 1 (Sprachmittlung) – Vorschlag A: *Artificial intelligence*

Material: Interview: „Die Uhr tickt" (2019) von Steffan Heuer

brand eins: Herr Socher, Sie arbeiten als Chefwissenschaftler für den Unternehmenssoftware-Anbieter Salesforce im Silicon Valley. Ihr Weg von Leipzig über Saarbrücken[1] nach Kalifornien ist ein Beispiel für die Abwanderung von Talenten. Warum gab es für einen Hoffnungsträger auf dem Gebiet der künstlichen Intelligenz (KI) wie Sie keinen Platz in Deutschland?

Richard Socher: Das liegt an meinen Forschungsinteressen. Ich habe mir die besten Informatik-Studiengänge der Welt angesehen und verglichen, wo die meistzitierten Aufsätze zum Thema Sprachverarbeitung entstanden sind. Leider waren die klügsten Köpfe mit wenigen Ausnahmen in den USA, an den Universitäten Stanford, MIT, Carnegie-Mellon oder Berkeley. Ich wollte meinen Doktortitel dort erwerben, wo sich Neues und Großes tut. Nach dem Studium kontaktierten mich Risikokapitalgeber, die mir für die Vermarktung meiner Arbeit Geld geben wollten. Eine solche Gelegenheit lässt man sich nicht entgehen. […]

Mit einem Doktortitel von der Universität Stanford in der Tasche – hätten Sie Ihre Firma nicht auch in Europa gründen können?

Leider nicht. Ohne einen Business-Plan hätte mir niemand ein paar Millionen Dollar gegeben, selbst wenn ich an demselben Thema geforscht hätte. Das ist das größte Problem: Doktoranden und Professoren sind in Europa nicht eng genug verbunden mit der Start-up-Szene und Geldgebern.

Kürzlich haben Experten unter Leitung der Universität Stanford zum zweiten Mal den „AI Index Report" veröffentlicht, eine jährliche Bilanz zum Thema künstliche Intelligenz. Das Fazit: KI-Forschung und ihre Kommerzialisierung nehmen weltweit zu. Ist das ein echter Boom oder nur ein Hype?

Wir machen in der Tat auf breiter Front Fortschritte. Systeme können Beachtliches beim Deep Learning[2] leisten und damit die Handlungen von Software-Agenten[3] steuern. Sogar bei der Verarbeitung von Bildern sind sie in den vergangenen Monaten sehr viel besser geworden. Die KI-Forschung läuft seit mehr als 50 Jahren, aber jetzt haben wir eine Schwelle überschritten, weil es nicht mehr nur spannende, aber eigentlich nutzlose Forschungsprojekte gibt, sondern immer mehr praktische Anwendungen […].

Ist noch Zeit, um Europa für diesen Wettbewerb fit zu machen?

Die Uhr tickt. Wachstum hängt davon ab, ob ich meine Volkswirtschaft effizienter machen kann. Und künstliche Intelligenz wird der entscheidende Faktor dafür sein. Ihr wirtschaftliches Potenzial ist noch viel größer als das des Internets oder von Smartphones. Die

Fertigung ist traditionell eine von Deutschlands Stärken, doch auch da lässt sich mit KI viel bewerkstelligen. Insofern ist es ermutigend, dass Deutschland, Frankreich und Großbritannien strategische Visionen für künstliche Intelligenz formuliert haben.

Wie kann man verhindern, dass weiterhin kluge Köpfe in die USA auswandern?

Als Professor in Deutschland ist mein Einkommen ziemlich gedeckelt, sodass etwa die Ankündigung, 100 neue Lehrstellen für KI zu schaffen, schnell auf die Realitäten des globalen Talent-Wettbewerbs prallt. Wenn ich eine Koryphäe bin, kann ich in anderen Ländern ein Wahnsinnsgeld verdienen. Das soll nicht heißen, dass ich in Europa oder Deutschland keine gute Forschung betreiben und ein tolles Forschungslabor aufbauen kann, aber wenn ich dieselbe Arbeit woanders verrichten und das Zehn- oder Fünfzigfache verdienen kann, ist das natürlich sehr verlockend.

Wie könnte man Gründer, die auf KI setzen, gezielt fördern?

Man sollte sich einmal die Geschichte des Silicon Valley genauer ansehen. Einiges ist organisch gewachsen, und diesen Erfolg kann man schlecht durch Regulierungen herbeizaubern. Aber man sollte Gründern das Leben leichter machen – angefangen bei den Vorschriften in Sachen Personal. Wenn ich noch in der Phase bin, in der ich mein Geschäftsmodell entwickle und justiere, muss ich in der Lage sein, meine Belegschaft flexibel anzupassen.

Was man auch nicht vergessen sollte, sind die Standortvorteile, die Deutschland in Sachen KI hat. Das Land verfügt über ein sehr gutes Gesundheitswesen. Warum kann man nicht eine landesweite, anonymisierte Datenbank anlegen, in die zum Beispiel alle Gehirn-Computertomografien eingespeist werden. Das wäre ein enorm wertvoller Datensatz, um Systeme für maschinelles Lernen zu trainieren und zu verbessern. Damit wären diese Daten eine Art öffentliches Gut, mit deren Hilfe die Bundesrepublik zu einem Weltmarktführer für Medizin-KI werden könnte, weil sich anhand dieser Datensätze hervorragende Algorithmen entwickeln lassen. Das könnte die Basis für ein ganzes Ökosystem von Start-ups werden.

Steffan Heuer: „Die Uhr tickt", in: brand eins, März 2019, URL: https://www.brandeins.de/magazine/brand-eins-wirtschaftsmagazin/2019/digitalisierung/richard-socher-interview-die-uhr-tickt

1 Leipzig und Saarbrücken – Studienorte Sochers
2 Deep Learning – ein KI-Verfahren, das menschliches Lernen nachahmt und sich dabei an der Funktionsweise des menschlichen Gehirns orientiert
3 Software-Agenten – Computerprogramme, die zu autonomem Handeln fähig sind

Aufgabe

As an intern at the Society for Computer Science you have been asked to contribute a blog entry to the society's website.

Write a blog entry in which you sum up the information on Richard Socher's career and his assessment of Europe's technological competitiveness in the field of artificial intelligence (AI). (Material) (100 BE)

Prüfungsteil 2 (Schreiben) – Vorschlag B 1: *Women's roles*

Material: Katherine Johnson died on February 24th (obituary, 2020)

As she ran her eyes over the flight-test calculation sheets the engineer had given her, Katherine Goble (as she then was) could see there was something wrong with them. The engineer had made an error with a square root. And it was going to be tricky to tell him so. It was her first day on this assignment, when she and another girl had been picked out of the computing pool[1] at the Langley aeronautical laboratory, later part of NASA[2], to help the all-male Flight Research Unit. But there were other, more significant snags than simply being new.

Most obviously, he was a man and she was a woman. In 1953 women did not question men. They stayed in their place, in this case usually the computing pool, tapping away on their Monroe desktop calculators[3] or filling sheets with figures, she as neatly turned out as all the rest. Men were the grand designers, the engineers; the women were "computers in skirts", who were handed a set of equations and exhaustively, diligently checked them. Men were not interested in things as small as that.

And, most difficult of all, she was Coloured, and he was White. The lab might be recruiting Black mathematicians, but the door was not fully open; her pool was called "Coloured Computing" and was segregated. As she sat down with the new team that morning, the men next to her had moved away.

She was not sure why, but the world was like that, and she refused to be bothered by it. Since the café was segregated, she ate at her desk. There was no Coloured restroom, so she used the White one. A few years back, when the bus taking her to her first teaching job in Marion, Virginia, had crossed the state line from West Virginia, all the Blacks had been told to get off and take taxis. She refused until she was asked nicely. But it could be unwise to push a White man too far.

Nonetheless, this engineer's calculation was wrong. If she did not ask the question, an aircraft might not fly, or might fly and crash. So, very carefully, she asked it. Was it possible that he could have made a mistake? He did not admit it but, by turning the colour of a cough drop[4], he ceded the point.

She asked more such questions, and they got her noticed. As the weeks passed, the men "forgot" to return her to the pool. Her incessant "Why?" and "How?" made their work sharper. It also challenged them. Why were their calculations of aerodynamic forces so often out? Because they were maths graduates who had forgotten their geometry, whereas she had not; her high-school brilliance at maths had led to special classes on analytic geometry in which she, at 13, had been the only pupil. Why was she not allowed to get her name on a flight-trajectory report when she had done most of the work, filling her data sheets with figures for days? Because women didn't. That was no answer, so she got her name on the report, the first woman to be so credited. [...]

As NASA's focus turned from supersonic flight to flights in space, she was therefore deeply involved, though still behind the scenes. [...] She ensured that Alan Shepard's Mercury capsule[5] splashed down where it could be found quickly in 1961, and that John Glenn[6] in 1962 could return safely from his first orbits of the Earth. [...]

Later she calculated the timings for the first Moon landing (with the astronauts' return) and worked on the Space Shuttle. She also devised a method by which astronauts, with one star observation checked against a star chart, could tell where they were. But in the galaxy of space-programme heroes, despite her 33 years in the Flight Research Unit, for a long time she featured nowhere.

It did not trouble her. First, she also had other things to do: raise her three daughters, cook, sew their clothes, care for her sick first husband. Second, she knew in her own mind how good she was – as good as anybody. She could hardly be unaware of it, when she had graduated from high school at 14 and college at 18, expert at all the maths anyone knew how to teach her. But she typically credited the help of other people, especially her father, [...] who had sold the farm and moved the family so that she and her siblings could all get a fine schooling and go to college. And last, at NASA, she had not worked alone. She had been one of around a dozen Black women mathematicians who were equally unknown. But when their story emerged in the 21st century, most notably in a book and a film called "Hidden Figures", she had a NASA building named after her, a shower of honorary doctorates and – the greatest thrill – a kiss from Barack Obama as he presented her, at 96, with the Presidential Medal of Freedom.

This attention was all the more surprising because, for her, the work had been its own reward. She just did her job, enjoying every minute. The struggles of being both Black and a woman were shrugged away. Do your best, she always said. Love what you do. Be constantly curious. And learn that it is not dumb to ask a question; it is dumb not to ask it. Not least, because it might lead to the small but significant victory of making a self-proclaimed superior realise he can make a mistake. *(924 words)*

Katherine Johnson died on February 24th, 27. 02. 2020, in: The Economist, URL: https://www.economist.com/obituary/2020/02/27/katherine-johnson-died-on-february-24th

1 pool – *here:* a group of employees
2 NASA – the American governmental agency that plans and carries out the space programme
3 Monroe desktop calculators – Monroe is the name of a company that produces small calculators.
4 cough drop – a candy-like medicine for coughing, usually in a bright red color
5 Alan Shepard's Mercury-capsule – Alan Shepard was the first American astronaut to go into space. After completing his mission, he landed inside a small part of the rocket in the ocean.
6 John Glenn was the first American astronaut to orbit the Earth.

Aufgaben

1. Outline important stages in Katherine Johnson's life. (Material) (30 BE)

2. Compare Katherine Johnson's experiences as a woman (Material) to those of Desdemona and Emilia. (40 BE)

3. Choose **one** of the following tasks: (30 BE)

3.1 Taking the example of Katherine Johnson as a starting point (Material), write an article for a magazine aimed at graduates of an American women's college commenting on the status of women in contemporary American society.

or

3.2 "We needed to be assertive as women in those days – assertive and aggressive – and the degree to which we had to be that way depended on where you were. I had to be." Katherine Johnson, 1980

Katherine Johnson was referring to the struggle to overcome gender discrimination in the 1950s. Referring to material dealt with in class, assess the relevance of the quote today for other groups in the USA and/or the UK who have faced discrimination.

Prüfungsteil 2 (Schreiben) – Vorschlag B 2: *Immigrants*

Material 1: Kushanava Choudhury: The New World (2017)

This is an excerpt from the introductory chapter of The Epic City, *Choudhury's literary portrait of Calcutta, the city of his birth, from where his family moved to the United States of America.*

Of all the people who came to Ellis Island in the first decades of the twentieth century, more than half went back. They never told us that on our seventh-grade class trip.

The American immigrant myth says that migration is a reset button. The New World offers deliverance from the past, liberation from the Old World's limited horizons. The myth states: 'The past is gone. The future awaits. Start over.'

It never really works like that. That was the story no one ever told about America. The past is never left behind. It haunts every world you live in. Sometimes it drags you back.

By the time I visited Ellis Island on that class trip, I had already migrated halfway around the world four times, flipping back and forth between continents like a dual-voltage appliance. My parents were Indian scientists, torn between nation and vocation. Twice they moved to America, twice they moved back. They were unwilling to leave their country and they were unable to stay. When he was around forty, my father quit his cushy job at a government research institute in Calcutta. He wanted one more chance, he said [...].

So, when I was almost twelve, my parents and I moved to Highland Park, New Jersey.

Our move carried no Emma Lazarus[1] cadences. We certainly had not arrived tempest-tossed, beating at the golden door. Our coming was equivocal, always tied to return. Living in New Jersey, we hardly saw ourselves as immigrants. My parents expected to go back to India, like many of their Bengali friends, someday, eventually. On Saturday nights, they gathered at each other's homes, ate fourteen-course meals brimming with various types of fish and meat, and derailed each other's sentences in locomotive Bengali, their conversations full of memories of Calcutta. Return, the duty of return and the dream of return, were spoken of endlessly while eating platefuls of goat curry and hilsa fish. Few, of course, actually went back. There were too many good reasons not to. Nationalism and nostalgia did not pay the bills, raise children or advance careers. And yet that dream of a return to the great metropolis cocooned them like a protective blanket from the alien world all around.

As for me – my friends, my neighbourhood, my Calcutta life was gone. In New Jersey, I was in seventh grade in a public school that had almost no Indian students. Cocooning was not an option. I had to fit in fast. I wasn't assimilating as much as passing. So much of what went on inside my head was from another place. I had happy childhood memories of mid-morning cricket matches during summer vacations, of games played in gullies, rooftops, courtyards and streets. When I moved, it was the streets of the city as much as my childhood that I left behind.

We had not had an easy few years in America. The man who had offered the job to my father had made promises he did not keep, and so my father was forced to find other work, work he grew to despise. From time to time, there would be talk of another move, to Georgia, to Colorado, and I would pull down the posters in my room and prepare. We stayed put, the three of us adrift in the treacherous shoals of the lower middle classes, a world of chronic car trouble and clothes from K-Mart[2]. In the fall of my senior year, a piece of good news finally came to our two-bedroom apartment. I had been accepted early to Princeton University[3].

Every immigrant who has lugged worthless foreign degrees through customs knows that where you go to college […] determines your lot in life. When the acceptance letter from Princeton arrived, my parents acted as if someone had come to our door with balloons and a giant cardboard cheque. It was their happiest day in America. But it wasn't mine.

It is probably universally true that education drives a wedge between us and our hometowns, our families, our earlier selves. But for the immigrant the gap is greater, that divergence in mentality more extreme. My trajectory[4] was taking me farther afield, to Princeton, while a part of me was elsewhere, in another country, in another city. Through all my sojourns I had carried memories on my back like Huien Tsang's[5] chair, until at seventeen, I felt hunched over with nostalgia like a middle-aged man. When the Princeton letter arrived, I had what my friend Ben called a 'premature midlife crisis'.

At night, I couldn't sleep. By day I sleepwalked through classes. Each evening, while my friends assembled at Dunkin' Donuts, complained about how there was nothing to do in our little town and roared together into the night on long aimless drives, while they enjoyed the languor of spring and that sweet American affliction called senioritis[6], I stayed home and stewed. In my mind, I hatched a plan. I would go back.

India lives in its villages, Mahatma Gandhi had said. So, even though I was a city boy who had never spent a night in an Indian village, I wrote letters back home to arrange to teach in a village school. Instead of Princeton, I would take a year off and head to rural Bengal, I told my parents. But in our two-bedroom apartment full of shared immigrant striving, such a detour was out of the question.

Instead I just drove. The black night, the shimmering yellow lines on inviting ribbons of asphalt, the radio jammed loud. Enveloped by night and noise, the mind gave way to a deeper calling. Just drive. It was the mantra of our Jersey youth, an exhortation, a command, an ideology, something hardwired in us as teenage boys. Night after night, I took out my parents' Toyota and just drove, without destination, without purpose, to escape. […]

After graduating from college, while friends set up their apartments in New York, Boston and Los Angeles, I headed to Calcutta, to join the *Statesman*[7]. *(997 words)*

Choudhury, Kushanava. "The Epic City. The World on the Streets of Calcutta." London: Bloomsbury, 2017, xi –xvi

1 Emma Lazarus – 1849–1887, author of "The New Colossus", a poem engraved on the base of the Statue of Liberty, which ends with the following verses:
Send these, the homeless, tempest-tossed to me: I lift my lamp beside the golden door!
2 K-Mart – inexpensive department store chain in the USA
3 Princeton University – prestigious university in New Jersey, USA
4 trajectory – *here*: career path
5 Huien Tsang – Chinese Buddhist monk and scholar, travelled throughout India in ancient times
6 senioritis – *colloquial*: decreased motivation to study displayed by senior students
7 *The Statesman* – an influential Indian English-language daily newspaper founded in 1875

Material 2:

"THE TROUBLE WITH A MELTING POT IS THAT SOMEBODY ALWAYS GETS BURNED."

Dan Rosandich/cartoonstock

Aufgaben

1. Outline the biographical information given on the author and his parents. (Material 1) (30 BE)

2. Analyze how Choudhury's attitude (Material 1) towards the traditional view of American immigration is conveyed. (30 BE)

3. Choose **one** of the following tasks: (40 BE)

3.1 Assess to what extent the cartoon (Material 2) reflects what Choudhury and his family (Material 1) have experienced in the US.

or

3.2 You are participating in an international school project on identity.

Write an article for the project website in which you discuss the importance of place in shaping one's identity.

Lösungsvorschlag

Prüfungsteil 1 (Sprachmittlung) – Vorschlag A: *Artificial intelligence*

Teaching modules referred to:
The task refers to the thematic focus Modelling the future *(Q 3.2), particularly to the key terms* science and technology *and* artificial intelligence.

You are required to write a blog entry for the website of the Society for Computer Science in which you sum up the information about Richard Socher's career and his assessment of Europe's technological competitiveness in the field of artificial intelligence. Your role is that of an intern working for this society.
You need to consider that a blog entry is characterised by a number of distinctive features: as a ***heading*** *you will need a compelling title to entice your reader to read on. Your* ***introduction*** *should be short, lead directly to the* ***main content****, be well-structured and most of all informative. You should sum up your article with a* ***conclusion*** *that is not repetitive but summarises the main points in a plausible way.*
The formal aspects of a language ***mediation*** *must also be observed: in this case, your text will be posted on a website specialising in computer science that contains relevant information geared to its users. By using your own words and strategies for shortening the text and by omitting unnecessary details and examples, your text should be considerably shorter than the original.*
Your text should contain the following information about Richard Socher's professional life:
- *His academic career at German universities and a PhD at Stanford, chosen for its reputation in computer science*
- *Chief scientist at American technology firm in Silicon Valley*

Assessment of technological competitiveness in Europe:
Negative:
- *Problems for start-ups: conditions for investment, no connections between scientists and investors, strict regulations*
- *Low incomes for scientists, no reason to stay at German universities*

Positive:
- *Common strategic visions for the use of artificial intelligence (AI) in Germany, France and Great Britain*
- *Data from healthcare system could be used to create database to train and improve AI*

Europe's Artificial Intelligence (AI) – a Brain Drain to be Avoided

In an interview published in a German business magazine in March 2019, the chief scientist of a Silicon Valley technology firm talks about his reasons for abandoning his German university career and about the challenges facing European computer start-ups, and warns of a European brain drain in the light of the lack of opportunities and connections between the world of science and the economy.

Richard Socher received his training as a computer scientist at two German universities before he decided to obtain his PhD at Stanford, which is renowned for its high scientific standard. He continued his work at Silicon Valley, because he was contacted by investors offering to finance his particular research interests. In Europe, he would not have been able to find risk venture capitalists to finance his work without a business-plan, which, from his point of view, highlights the missing link between science, investors and start-ups in this part of the world.

According to Socher, the AI potential is even greater than that of the Internet or smartphones and will play a major role in industrial production, which is already a traditional German asset.

However, in order to avoid a further brain drain from Europe, research and working conditions need to be improved so that international competitiveness does not fall short due to the lack of financial incentives. Good research and great laboratories are still possible in Europe or Germany, yet scientists will be very tempted to leave if they can earn ten or fifty times the amount for the same work elsewhere.

The history of Silicon Valley is something to be learned from. Much of it has grown organically and success of this kind cannot be fostered by regulations. Start-ups, however, could be supported more by making their lives easier, starting with lending them more flexibility in hiring staff whilst they are developing and adjusting their business model.

Nonetheless, Socher is hopeful, as Germany, France and Great Britain have developed common strategic visions for their AI systems. Additionally, Germany's advantages as a location should be taken into account: our health system could be used to create a data base of brain scans to train and improve AI systems for machine learning, for example.

As a consequence, these data could thus be transformed into a public good, enabling German medical AI to become a global market leader and hence forming the basis for a complete system of sustainable start-ups.

Posted by: Intern *(415 words)*

Prüfungsteil 2 (Schreiben) – Vorschlag B 1: Women's roles

Teaching modules referred to:
The assignment relates to the teaching module Gender issues *(Q 3.3), especially to the key words* gender and identity and culture and gender – now and then, *and the reading of* William Shakespeare: *Othello (Q 3). The cross-curricular reference is established by the teaching module* The USA – the formation of a nation *(Q 1.1), particularly the key words* recent political and social developments *or the teaching module* Ethnic diversity *(Q 2.2) and the key words* Great Britain as a multicultural society.

1. *In your outline you need to give the main features of the obituary without commenting on them and use your own words to provide a shortened version. Mention the text type, the title, the source, the date of publication and the topic in an umbrella sentence.*
   Important stages in Katherine Johnson's life:
   - *Mathematical very gifted child*
   - *Job at NASA in the 1950s*
   - *Part of a team of African-American women calculating figures*
   - *Raising a family at the same time*
   - *Her bosses became aware of her outstanding capabilities when she discovered mistakes in their calculations*
   - *Made significant contributions to the American space programme*
   - *Was presented the Presidential Medal of Freedom by Obama*

   The obituary entitled "Katherine Johnson died on February 24th", published in *The Economist* on 27/02/2020, portrays Katherine Johnson, a mathematically talented African-American woman who played an important role in the American space programme. Her mathematical genius had been discovered when she was a child and she enjoyed a special science-based education. During her first job as a teacher in Virginia she was racially discriminated against as a Black* woman but did not relent easily. In the 1950s she got a job at NASA as part of a team of African American women calculating figures for male engineers. In addition to that she raised three children and cared for her sick husband.

   Her bosses soon became aware of her outstanding mathematical capabilities. On one occasion, she discovered that an engineer had made a mistake with a square root on one of the flight-test calculation sheets. She did not dare tell him straight away, because he was a White* man and she a Black woman and women did not question males in the 1950s. So, she asked him if it was possible that he had made a mistake. More questions like this got her noticed: she eventually succeeded in gaining credit for her brilliant work and became the first woman to get her name on a respective report. Although still working mostly behind the scenes, she became involved in NASA's supersonic space programme and ensured the safe return of astronauts like Alan Shepard and John Glenn, later even calculating the timings for the first Moon landing and working on the Space Shuttle.

Eventually, in the 21st century her work received due recognition and she had a NASA building named after her. She obtained a number of honorary doctorates and the Presidential Medal of Freedom, which, together with a kiss from President Obama, turned out to be the greatest thrill for her. Her motto of "love what you do" helped her overcome the struggles of being a woman and a Black one at that. *(336 words)*

2. *In the second assignment you are asked to compare Katherine Johnson's experiences as a woman, as delineated in her obituary, to those of two female characters from Shakespeare's play* Othello: *Desdemona and Emilia. The task verb "compare" involves pointing out and analysing similarities and differences between the literary and historical situations pertaining to female roles. Relevant developments in the lives of these three women would be structured in a coherent way first and then presented in your text, backed with appropriate quotations.*
These aspects could be relevant:
***Parallels** to Desdemona and Emilia*
– *Adopt female behaviour and accept male superiority on the surface*
– *Criticize and influence their male counterparts when necessary*
Differences
– *While Katherine Johnson has a job, Desdemona and Emilia live at a time where women were limited to childcare and domestic work.*
– *Katherine Johnson is successful in pushing the limits of her female role and her achievements are honoured even if late in life.*
– *Desdemona has to submit to her husband when he threatens to kill her.*
– *Iago kills Emilia for unmasking him.*

The source of Katherine Johnson's self-confidence is two-fold: her outstanding mathematical capabilities secure her a permanent position in the prestigious American space programme and, at the same time, working in a close-knit team she enjoys her work as its own reward (cf. ll. 58/59). From the beginning she is able to prove her professional skills and carefully and respectfully corrects mistakes even when they have been made by (White) men. She is even able to accept working "behind the scenes" (l. 38). In the end, she does not allow her skin colour or her gender to impede her career and her story emerges as an example of Black and female emancipation.
Like her 17th-century literary counterparts, however, the gifted mathematician behaves as a woman was supposed to at that time when she cooks, sews and is responsible for the upbringing of the children (cf. ll. 46/47). Katherine wears feminine clothes being "neatly turned out as" (l. 10) the other "computers in skirts" (ll. 11/12). Beyond that, she even submits to her White male colleagues and their hostile attitudes at first: "she refused to be bothered by it. Since the café was segregated, she ate at her desk" (ll. 18/19). Similarly, Desdemona and Emilia seem to accept their female roles and do what their husbands tell them to: in spite of Emilia's "fancies", Desdemona asserts to Othello "I am obedient" *(Othello, Cambridge School edition 2012:* Act 3, Scene 3) and Emilia blindly supports Iago's malicious plan to rouse Othello's jealousy

by stealing Desdemona's handkerchief: "My wayward husband hath a hundred times, Wooed me to steal it" (Act 3, Scene 3).

However, what all three characters have in common is that while they accept male superiority on the surface, they still question the decisions and actions of the men surrounding them. Katherine corrects the work of her male colleagues, who feel challenged by her because their calculations of aerodynamic forces are so often inaccurate (cf. ll. 30/31), and she is the first woman to have her name put on reports. Desdemona disobeys her father when she marries Othello. She also tries to persuade Othello to reinstate Cassio as a lieutenant (cf. Act 3, Scene 3). Emilia, on the other hand, attacks Othello when she finds out that he has murdered Desdemona: "Thou dost belie her, and thou art a devil" (Act 5, Scene 2), although this puts her in a dangerous situation. Later she refuses to conceal Iago's guilt although he threatens her: "I will speak as liberal as the north" (Act 5, Scene 2).

There are also quite a number of differences between Katherine on the one hand and Desdemona and Emilia on the other. Desdemona and Emilia lived at a time when women were limited to domestic life (cf. Act 2, Scene 1). Katherine Johnson, on the other hand, went to school and university and although her career options seem to be limited at first, she becomes an important part of the American space programme thanks to her genius and self-confidence. She is successful in pushing the limits of her female role and her achievements are honoured while she is still alive. How dangerous it was for women to challenge men in Shakespeare's time becomes obvious in Desdemona's case, when she pleads, "O banish me, my lord, but kill me not" (Act 5, Scene 2), but is still killed by Othello. Similarly, when Emilia disobeys her husband and reveals his part in Desdemona's death he kills her.

While Katherine Johnson's genius work was recognised during her lifetime, Desdemona and Emilia eventually became victims of patriarchal violence. *(603 words)*

3.1 *In this assignment you are required to write an article for a magazine aimed at graduates of an American women's college, using Katherine Johnson's example as a starting point. You need to adhere to the text-specific features of this particular genre, including a heading, an introductory sentence, main part and conclusion, employing formal language and finishing with a convincing comment about the status of women in American society.*

You might mention the following points:

- *Katherine Johnson is still a role model.*
- *She is successful in spite of being a woman and Black*
- *During the 1960s, period of substantial social change, women's movement and feminism*
- *Changing gender roles*
- *Pay gap and glass ceiling still exist*
- *More promotion of women to higher management positions, gender quotas*
- *Still it is harder for women to become successful in the US*
- *Comparison to other successful women*

Gender roles now and then

In the 1950s, Katherine Johnson was able to set an encouraging example for women around the world. Although a member of the Black minority, she was chosen for a job at the American space programme as part of a team of women who calculated figures, and she raised a family at the same time. She proved her genius to her male bosses, questioned some of their flawed calculations, and was an important part of the American space programme. Instead of suffering from the affronts she encountered at her workplace, she disregarded negative aspects, relied on her own capabilities and was deeply involved in working behind the scenes of space events such as the Mercury flights in 1961, the first orbit of the Earth, and the first Moon landing. Thus, she was successful, despite the difficulties she had to face because of her gender and race and even secured late but significant acknowledgement of her successful work by having a NASA building named after her and receiving academic and political appreciation and rewards.

Another late recognition of her professional success occurred with the launch of a book and movie called "Hidden Figures" about a number of Black, female mathematicians. Although American women had won the right to vote back in the 1920s, broader economic and social change had been a longer time coming. It was not until the 1960s that a period of substantial social change began and the awareness of women's issues came to be known as the women's movement, influenced by the success of the Civil Rights Movement in the fight for racial equality. Organizations and lobbying groups urged full equality for women and gradually effected a revision of American values, customs, and institutions. The way women thought about themselves began to change with their growing self-confidence, as is shown by Katherine Johnson in her predominantly White, male working place, who had always believed that her work was its own reward. The results were not welcomed by everyone, however, and led to opposition to what was seen as unrestrained feminism. It is also a fact that many women, though constituting 60 percent of the labour force by the end of the 20th century, still hesitate to demand equal pay, thus perpetuating their inferior social status. There is now some progress in women entering occupations predominantly held by men but the pay gap is still obvious, with men earning consistently more in comparable positions.

However, along with changing gender and academic roles there are also more women being promoted to higher management positions – with one exception: among (Black) minorities, many women in the US still face obstacles in the workplace.

In this context, the career of Oprah Winfrey sounds encouraging. The American TV presenter, well known for empowering people by giving them hope and an example of the rags-to-riches tale of a Black woman, is a survivor of childhood abuse and now one of the richest and most famous women in the world. Oprah became known to a wider audience through her series of "Change your Life" shows and became something of a motivational guru and an embodiment of the American Dream. She moved away from trash TV and focused on more sophisticated features, promoting books and the power of positive thinking.

Katherine Johnson and Oprah Winfrey have both become role models, especially among minorities, for fostering self-confidence and Black empowerment, and for demonstrating that change is possible and equal rights are worth fighting for, even though issues like the pay gap, traditional family routines, and disadvantages in regard to promotion, managerial positions, and social status overall have still not been solved.

(607 words)

3.2 *Katherine Johnson's statement refers to her struggles to overcome gender discrimination in the 1950s. You are requested to assess the current relevance of the quote for groups in the USA and/or the UK which are subject to other forms of discrimination. In the first step, you would need to explain the meaning of her statement in your own words. Draw on material dealt with in class about people who face racism, ableism (discrimination and social prejudice against people with disabilities) or ageism or who are discriminated against because of their gender or sexual orientation. In the second step, you should use selected examples that illuminate today's debate on this issue in one or both countries.*

Possible aspects:

- *People still face discrimination due to their colour of skin, cultural background, gender, sexual orientation, etc.*
- *Negative stereotypes still exist (in the wake of Brexit, under Trump-legislation)*
- *Discrimination affects education, income levels, housing quality, health, employment*
- *Affirmative action to stop vicious circle*
- *Young people question whether certain statues, street names or historical sites should be removed or re-named as they celebrate colonialism or white supremacy*
- *Black Lives Matter*

In the USA of the 1950s, gender discrimination was closely connected to racial prejudice. When Katherine Johnson's outstanding performance was not recognised at that time, it was hard to distinguish whether this was not acknowledged because she was just one of the "computers in skirts" (ll. 11/12) or because she was from "Coloured Computing" (l. 16). From her point of view, the only way to overcome this situation given the circumstances of the time was to employ assertive and aggressive strategies. Although her protest was only moderate, her self-confidence permitted her an assertive stance. However, the issues raised in the statement given have far from disappeared and currently refer to different types of discrimination and groups of people in the USA and the UK.

First of all, the situation of African Americans, Hispanics and Asians in the US comes to mind. After the Civil Rights Movement, adjustments were made to immigration policies and in the wake of 9/11 the status of minority groups changed considerably, some for the better, others for the worse. Sources of ongoing discrimination against minorities differ based on industrial and digital developments, competition for jobs within the labour force which is experienced or imagined, fear of terrorism, anti-Asian sentiment and, quite recently under the former Trump administration, a resurgence of White supremacists and their divisive political influence.

In the UK, the development of a multicultural society has seen considerable progress, moving on from the days of Enoch Powell and his infamous "Rivers of Blood" speech from 1968 to now enabling the successful integration of Commonwealth immigrants from such diverse regions as the Caribbean and Asia. Some British politicians are still fueling anti-immigrant sentiments and xenophobic fears, however. This became particularly evident after the Brexit referendum in 2016. Since the decision to leave the European Union, albeit by a small margin, the number of racist attacks in the UK has risen considerably, especially against Muslims and people from Eastern Europe. Both Eurosceptic politicians and members of the old political elite have taken advantage of the lack of knowledge, if not ignorance, of older, less educated people who blamed the disadvantages and work discrimination they had imagined or experienced on immigrants and European bureaucracy.

As a result, negative stereotypes and, on the right of the political spectrum, open xenophobia still persist in both countries, with the adverse effect of discrimination on employment and career opportunities revealing itself in gender issues and racial prejudice. This situation is exacerbated by a certain lack of social measures and support. Access to and level of education, although improving overall, still vary according to gender and minority status. In turn, income levels are influenced by schooling and professional training. A growing social divide is also visible in the quality of housing and health care. Obama's planned health care legislation suffered a severe setback at the hands of the administration following his presidency and although the National Health Service (NHS) is still in place in Great Britain, the increasing private sector is responsible for the quality of medical support differing depending on the social group. In this context, politicians have to do more to fight poverty and social inequality, which has affected minorities and the growing number of single-parent households (mostly single mothers) worst since the financial crises of the early years of the 21st century.

On a different note, the interpretation of historical monuments has been challenged in both the US and the UK and has initiated new debate about postcolonial developments. The US is particularly affected by this: a decision made by city leaders in Charlottesville to remove the statue of Confederate general Robert E. Lee led to violent conflict between civil rights groups and White supremacists, who wanted to reverse this democratic decision. The clashes ended tragically when a car was rammed into the crowd by a self-professed neo-Nazi, killing one woman and injuring dozens of other people. Incidents like this have featured many times in recent news reports on race relations in the US, including police attacks on unarmed African Americans and racial profiling. After the first Black president left office in 2016, race relations soured considerably under a new administration that relied on right-wing groups, evangelists and White supremacists. Trump's election was openly welcomed by the Ku Klux Klan, and African Americans felt increasingly threatened so that the Black Lives Matter movement, which had already been founded in 2013, became involved in alerting the public to race-related attacks, particularly those aimed at the Black community.

As ethnic minorities still face racism and prejudice, White supremacists are trying to resist social change and the large White majority refuse to fully acknowledge the prevalence of racism in our society, Blacks, Asians and other people of colour in the UK and the US still have to be assertive and aggressive, as Katherine Johnson suggests, to be successful and to claim their rights in today's world. *(815 words)*

Prüfungsteil 2 (Schreiben) – Vorschlag B 2: *Immigrants*

Teaching modules referred to:
The assignment relates to the teaching module Living in American society *(Q 1.2) and especially the key words* migration and the American Dream: with a focus on Asian immigrants. *The cross-curricular reference is established by part one of the examination (Prüfungsteil 1).*

1. *In order to outline the biographical information in the given text you first need to write an umbrella sentence mentioning the author, text type, title, date of publication, and topic. You then outline the main aspects of the biographical information about the author and his parents in your own words without commenting on them.*
   Your outline would contain the following aspects:
   The author's parents:
   - *Indian scientists, moved to the US and back to India several times*
   - *They left Calcutta when his father took a job in New Jersey*
   - *Promises of job disappointed, father forced to take work he despises*
   - *Lower middle-class, plan to move back to India some day*
   - *Many Bengali friends*

   The author:
   - *Happy childhood in India*
   - *Student at state school, almost no other Indian classmates*
   - *Admission to Princeton University*
   - *Parents are against his plans to teach in India*
   - *Returns to Calcutta after graduation, works for a newspaper*

   In this excerpt from his novel *The Epic City*, published in 2017, the author Kushanava Choudhury describes scenes from his family's native city of Calcutta, his family's expectations of the US and moving between the two countries.
   His parents were Indian scientists who moved to America twice and back to their home country twice. At about 40 years of age, his father gave up a well-paid government job at a research centre in Calcutta to take up a new job in New Jersey. His parents did not feel like immigrants, however, always considering the option of returning to India, especially after it turned out that the promise of work which had been made to his father was not kept and he had to take other work, which he began to despise. Life in the US continued to be financially insecure and his family led a lower middle-class existence, with constant problems with the car and cheap clothes, always ready to move back to their home country. Memories of India were cultivated together with their many Bengali friends and they dreamed of returning.
   Choudhury himself remembers happy days as a child in India, and when he moved with his parents to the US it felt like he was leaving his childhood behind as well. He went to a state school in grade seven where there were almost no other Indian students and felt forced to fit in quickly. It came as a pleasant surprise to his family in their restricted circumstances that he was accepted to the prestigious university of Princeton.

While they were very happy about this, he did not share their feelings and secretly nurtured his plan to go back to India. However, his parents would not accept his arrangement to teach at a Bengali village school. He spent some restless years at college, alienated from his friends and driving aimlessly, and instead of living in a big American city after graduation like they did, he went back to Calcutta to work for the traditional English-language daily newspaper, *The Statesman.* *(341 words)*

2. *In your analysis you are required to describe and explain in some detail aspects that show the author's attitude towards the traditional perception of American immigration. You would need to focus on the stylistic and other creative means he employs and identify and give evidence of examples by working closely with the text.*
The following points would be important:
Critical attitude
– *Author does not believe that immigration works like a reset button*
– *Past haunts you*
Evidence
– *Referring to facts (statistics)*
– *Talking about his personal experience*
– *Language: negation, images, negative expressions, repetition*

The author had already visited Ellis Island, the US official port of immigration as a teenager, during a class trip, but he claims that nobody told him that the American myth, believed to function like a "reset button" (l. 3), did not always work. At least in the case of his parents it did not liberate them "from the Old World's limited horizons" (l. 4). They are frequently disappointed. They cling to their Bengali culture and friends and share their desire to eventually move back to India (cf. ll. 21, 24) and thus reverse immigration, although this might not be possible for many of them because "[n]ationalism and nostalgia did not pay the bills, raise children or advance careers" (ll. 23/24). They are torn between the necessity of survival and the duty and dream of return (cf. l. 21), which in many cases, as with his parents, served as a protection from an alien world. Choudhury relies on statistics when he relates that more than half of the immigrants (cf. l. 2) went back to their country of origin and that the promise of the myth that one will forget the past and create a new future is not guaranteed.
He talks about his own family to prove his point. His parents are described as "Indian scientists" (l. 10) and he is apparently not happy with the constant prospect of moving from one place to another and back again: "I had already migrated halfway around the world four times" (ll. 8/9). Drawing on further personal experience – as another stylistic device – he informs his readers that his family did not have "an easy few years in America" (l. 34).
A frequent stylistic device employed in his text is the usage of negative language. His perception of the American myth is dominated by phrases like, "It never really works like that" (l. 6), "the story no one ever told" (l. 6) or " [t]he past is never left behind" (ll. 6/7). His experience of school was that he "wasn't assimilating" (l. 29) and his family did not have an easy time in America (cf. l. 34). Allusion is another stylistic

choice to underline the fact that his family's move to America was not as is suggested in Emma Lazarus's famous poem promising hope for the homeless, which is engraved on the base of the Statue of Liberty right next to Ellis Island. All of these language traits are instrumental in contrasting myth with (Choudhury's) actual experience.
The text also uses imagery. To characterise his parents' financial position, he sees his family "adrift in the treacherous shoals of the lower middle classes" (l. 38). To describe his own psychological state he uses a simile when he finds himself "hunched over with nostalgia like a middle-aged man" (l. 51). Words with negative connotations reinforce and intensify the powerful impact of immigration on his life. For instance, he talks about a past that "haunts every world you live in. Sometimes it drags you back" (l. 7) and, in an antithesis, describes his parents as people "unwilling to leave their country and [...] unable to stay" (ll. 11/12). Several times, he emphasises the wish to go back to India by using repetitions like "dream of return" (l. 21), "dream of a return" (l. 24) and "nostalgia" (ll. 23, 51).
As a result, the author describes his attitude of doubt if not criticism towards American values, promises and the American Dream in general, which he characterises as a myth that is not compatible with his life experiences, and presents himself as torn between two worlds, eventually gravitating to his native country when he is able to fulfil his own dream of returning to Calcutta and working there as a journalist. *(627 words)*

3.1 *You are to assess the extent to which the cartoon reflects Choudhury's and his family's situation as immigrants in the US. To do this you need to write a text that is well structured. You can start with a description and analysis of the cartoon and then compare its message to Choudhury's text. For useful phrases, you can also look at chapter "5.3 Beschreibung eines Cartoons" in this book.*
The following details are important:
Description of the cartoon:
- *Two White men reading a newspaper with the headline, "America: Melting Pot"*
- *One of them says to the other, "The trouble with a melting pot is that somebody always gets burned."*

Message of the cartoon:
- *Melting pot as an assimilation concept is criticized*
- *Individual ethnicities subdued, not recognised*

Choudhury's family:
- *Parents do not assimilate; mainly surround themselves with people from India*
- *Dream of returning*
- *Choudhury's nostalgia, initial adjustment but growing desire to return to India*

How far is their experience reflected in the cartoon:
Arguments that their experience is reflected by the cartoon:
- *Choudhury's family does not assimilate to American culture (not part of the melting pot).*
- *Still, as a result, feeling of not belonging, nostalgia and desire to return*

Arguments that their experience is not really reflected by the cartoon:

- *Although Choudhury does not believe that he managed to fit in, he is very successful (American Dream).*
- *As Choudhury's family does not assimilate to American culture, they do not get hurt. Still, they live peacefully in America.*

The picture in the cartoon shows two middle-aged White men talking about a newspaper headline that says, "America: Melting Pot". The caption of the cartoon carries its message in a nutshell: America being a melting pot – something which is praised globally – comes with a disadvantage, as somebody will always lose what is at stake, whether that is their language, their culture or their identity; in other words, they will suffer badly. This concept seems to give American immigrants only one choice and that is to assimilate.

The cartoon uses plain imagery, showing two men from different sections of American society and high-rise buildings in the background. One of the men is in a baseball cap and casual clothes, and the other is wearing a fancy hat, shirt, tie and trench coat, but they both share the same facial expression of surprise. They seem to be disparaging about the newspaper headline, thus underlining the cartoon's message, which questions how beneficial the concept of a multicultural society really is.

Choudhury's parents, who do not feel rooted either in America or in their home country and always nurture the idea of going back to India at some stage, clearly do not warm to the melting pot concept of assimilation and surround themselves with other Indian immigrants instead. At weekends, they eat their traditional food together at each other's homes, cherish memories of their home country and are pulled by their duty and dream of returning. The author, on the other hand, initially adapts to his new home and school and is even successful in applying to a prestigious American university, but never loses his feelings of nostalgia and develops a strong desire to return as well.

The downside of the "melting pot" might be that this concept does not recognise individuality or culture, and forces people to be part of a process that destroys their traditions and values. This might result in a feeling of not belonging and, as in the case of the Indian family, a strong desire to return to their country of origin. It might also entail a sense of disappointment, as a society where someone from a different culture gets burned is the opposite of a welcome culture where everyone is free to develop their own skills and realise their own desires. Assimilation might be the key to success, but it comes at a cost.

There are, however, experiences that are not reflected in the cartoon. Choudhury's success in obtaining a place at Princeton would seem to embody the achievement of the American Dream, for his parents, at least, who, we are told, "acted as if someone had come to [their] door with balloons and a giant cardboard cheque. It was their happiest day in America" (ll. 44/45). At the same time, however, Choudhury lets us know that it was not his happiest day in that country. Even as a teenager he felt like an outsider at his school, with few classmates from his ethnic group, and although he tried to assimilate, he never really felt at home in his new surroundings and could not forget his old memories of India.

In conclusion, although one of the building blocks of the American Dream seems to be assimilation and the readiness to overcome past experiences and open oneself up to new ideas, that does not always work for everyone, especially for ethnic groups with strong ties to their old traditions like Choudhury's family. The term "melting pot" was coined by the historian James T. Adams in his book "The Epic of America" from 1931 and describes America as a land in which life should be better and richer and fuller for everyone, with opportunity for each according to ability or achievement, notwithstanding their origins, religion or conviction. Later, the idea of the salad bowl was developed, which symbolises the fact that immigrants can integrate into society but keep their own culture. This concept allows immigrants to remain who they are and does not force them to conform to mainstream society. In this way, individual ethnicities should be recognised and not subdued, thus leaving room for the main reason why people immigrate, which is to live in peace and freedom and leave old restrictions and suppression behind – in accordance with the promise expressed in the poem by Emma Lazarus, which is engraved on of the Statue of Liberty: "Send these, the homeless, tempest-tossed to me: I lift my lamp beside the golden door!" *(743 words)*

3.2 *The assignment of writing an article for a project website requires some attention to formal aspects as well as those based on content. Regarding the formal aspect, typical elements of your article should include a catchy* ***headline****, which leads to the ideas you are about to discuss in your* ***introduction****. Discuss your arguments in the* ***body*** *of your* ***article*** *and come to a* ***conclusion*** *at the end of it. Use formal language.*
To make your article more interesting it should follow a logical sequence and contain some of the following elements: research being done on the topic, interesting facts or quotations, counter-arguments and a clear statement of opinion as a conclusion.
Possible aspects of your article could be as follows:
Arguments for importance of place
- *Sometimes integration in a country is difficult for immigrants*
- *Importance of traditions and religion*
- *People's relationship to place can be very emotional*
- *Environment shapes who you are*
- *Differences between rural and urban areas*

Arguments against importance of place
- *In a global world, where much happens online, where you come from is less important*
- *People are more important than places*

Where you live is who you are – or is it?
Although they try hard to integrate, young immigrants in the US often fail to succeed there. They feel rejected and develop a longing for the place they came from. Recent research has shown that the influence of their former environment or place of origin is often more important for shaping their identity than mainstream society.
The importance of place in shaping one's identity has particularly been observed in second- or third-generation immigrants to the UK or the US in that young people often

revert to the traditions of their parents and their religious or cultural heritage. In his autobiography *The Epic City*, for instance, Kushanava Choudhury describes how, as a young immigrant from India, he was willing to live his American Dream and attend a prestigious university in New Jersey, but then decided to leave the US again after graduation to work as a journalist in his native country. His parents, scientists from Calcutta, had originally supported his university career in the US and even hindered him from taking up a teaching job in rural India. However, his happy childhood memories of cricket matches in the summer vacation and of games played outdoors in the city made him feel so nostalgic and detached from his environment that he used to stay at home brooding instead of going out with his friends, so that he eventually went back to Calcutta to work as a journalist.

His case, like many others, shows that people's relationship to place can be very emotional and have a long-term impact on their lives. With young people especially, their environment shapes who they are. The surroundings in which we spend our daily lives feels familiar and gives us a feeling of belonging. Environmental psychology tells us that there is a landscape of memory in the interaction between place and society that works on a practical level as much as on an emotional one.

However, in a global world dominated by the Internet we also have to take arguments into account that speak against the importance of place. Today, people are used to international travel from a young age, participating in school exchanges all over the world and spending gap years abroad after leaving school. People who often move around have a different relation to place. We spend a lot of time on the Internet where we communicate with people from all over the world. There is now even the saying "home is where my friends are", which results in place losing meaning or taking on a new one.

In conclusion, it can be said that place still contributes to shaping identity in certain situations, especially when migration is not voluntary but a result of poverty, suppression or war atrocities. In these cases, there is a strong feeling of loss and loneliness. Overall, however, in a globalised world where large parts of our lives take place online, place is starting to lose its importance. *(523 words)*

* *The words "Black" and "White" are capitalised to signal that they are not natural categories but social ones (for more background information on this topic see, for example https://www.theatlantic.com/ideas/archive/2020/06/time-to-capitalize-blackand-white/613159/).*

Abiturprüfung 2022 Englisch (Hessen)
Grundkurs

Prüfungsteil 1 (Sprachmittlung) – Vorschlag A: *Living in a digital world*

Material: Elke Hartmann-Wolff: Wie das Leben leichter wird (2019)

Wie Smartphone und Internet bewusst und sinnvoll nutzen? Digitaler Minimalismus verschafft uns mehr Zeit und Gelassenheit. Eine Anleitung.

Es sind zwölf Wörter, die sein Leben verändern. Bedächtig tippt Jan Rein sie in seine Tastatur: „Ab sofort bin ich nur noch telefonisch oder per Post zu erreichen." Er zögert noch einmal, dann drückt er auf Return und klappt den Laptop zu. Ein ganzes Jahr lang wird der Ernährungswissenschaftler und Buchautor nicht mehr im Internet aktiv sein, nicht mehr bloggen, posten, teilen, twittern und auch keine selbst gefilmten Kochvideos auf seinen YouTube-Kanal hochladen. Ein kalter Entzug beginnt. […]

In seiner sich selbst auferlegten Abstinenz wähnte sich Rein anfangs allein, wie ein Außenseiter. Er ist es aber nicht. Die Zahl jener, die genug davon haben, im freien Fall durch die unendlichen Weiten des Datenraums zu taumeln, sie wächst. Immer mehr Menschen wollen es nicht mehr länger raffinierten Algorithmen überlassen, was sie vor dem Bildschirm treiben, sondern lieber selbst durch ihr Leben navigieren. Sie sehnen sich nach einer Balance zwischen Echtwelt und Pixelwelt.

Emanzipierte Nutzer des Netzes entwickeln konkrete Methoden, die sich an ihren eigenen Bedürfnissen und Wünschen orientieren. Sie hinterfragen den Wert jeder Aktivität, jeder App und jedes Angebots. Wofür verwende ich meine Zeit und worauf Aufmerksamkeit, wo verschwende ich sie nur? Lediglich jene Bildschirmaktivitäten, die sinnvoll sind und Lebensqualität erhöhen, haben Platz. Alles Übrige kann weg. Take the best, forget the rest.

Mit einem Masterplan kehrt Jan Rein aus seinem einjährigen Screen-Sabbatical zurück. Für YouTube dreht er keine Videos mehr, sondern verlinkt nur noch seinen Blog. E-Mails checkt er nur noch einmal täglich. Maximal eine Stunde verwendet er darauf, auch wenn die Inbox noch nicht geleert ist. Die sozialen Netzwerke nutzt er privat nur noch, um mit seinen Verwandten in Brasilien zu kommunizieren. Ansonsten lanciert er dort am späten Nachmittag eine gute Stunde lang seine Food-Themen.

Seitdem hat Rein genügend Zeit, Sport zu treiben, spazieren zu gehen oder seine Freunde zu treffen. Er wolle, so sagt der Gießener, kein „Internet-Bashing" betreiben. Die neuen Technologien brächten viele Vorteile, erforderten aber von jedem Einzelnen einen reflektierten Umgang. „Meinen Weg habe ich gefunden, ich bin ausgeglichener und fühle mich frei." […]

Noch sind freilich viele von uns verstrickt in den Fängen des Netzes, verheddert im digitalen Gespinst. Durchschnittlich 196 Minuten täglich klebte jeder Deutsche im Jahr 2018 am Bildschirm seiner digitalen Begleiter – eine Verdreifachung innerhalb der letzten zehn Jahre. Rund 80-mal greifen wir pro Tag zum Smartphone. Einer Studie der Technischen Universität München zufolge haben 85 Prozent der Bundesbürger ihr Smartphone immer griffbereit, 25 Prozent haben es rund um die Uhr bei sich.

Die Studie „Freizeit Monitor 2018" bestätigt, dass das digitale Leben einen immer größeren Stellenwert einnimmt. Es dominiert die Liste der Aktivitäten, die sich in den letzten fünf Jahren größerer Beliebtheit erfreuen. Ganz oben rangiert als Zeitfresser das Smartphone mit einem Zuwachs von rund 80 Prozent, gefolgt von Internet-Anwendungen und sozialen Netzwerken.

Studien belegen, wir verbringen heute rund ein Drittel weniger Zeit mit Freunden, um gemeinsam einem Hobby nachzugehen, als vor Beginn der Digital-Ära. Auch feiern die Deutschen seltener Feste, selbst mit den Kindern wird weniger gespielt. Dabei schätzen wir uns und unser Zeitbudget selbst häufig völlig falsch ein. Wahrnehmungspsychologen sprechen in einem solchen Fall von einem „blinden Fleck". […]

Unklar ist, welche Auswirkungen die dramatische Zunahme von Digitalzeit auf unsere Gesundheit hat, ob sie womöglich die Fälle von Depressionen oder Einsamkeit ansteigen lässt.

Elke Hartmann-Wolff: Wie das Leben leichter wird, in: Focus Magazin, 22. 09. 2019,
URL: https://www.focus.de/digital/internet/wissen-wie-das-leben-leichter-wird_id_11139724.html
(abgerufen am 27. 06. 2021).

Aufgabe

You are taking part in an online workshop with a social studies class at your American partner school. Together you are examining trends in the usage of digital media in different countries.

Write an email to the workshop group, outlining the situation in Germany and individual attempts to reduce digital consumption as described in the article (Material). (100 BE)

Prüfungsteil 2 (Schreiben) – Vorschlag B 1: *Immigrants in Britain*

Wählen Sie Vorschlag B 1 oder B 2 zur Bearbeitung aus.

Material 1: Amanda Craig: Hearts and Minds (excerpt from the novel, 2009)

In the novel – a portrayal of multicultural London and the intertwined lives of recent immigrants – the protagonist Polly Noble, a human rights lawyer and single mother, attends a dinner party organised by Hemani, a first-generation immigrant. She is driven to the party by Job, her regular driver with African roots.

Job laughs. Again, their gazes meet in the mirror. I shouldn't be sitting in the back seat, Polly thinks. Yet if she were to sit in front, she wouldn't feel at ease. She talks to Job more than she does to Bill, or to Theo[1]: an odd thought.

A straggle of small shops along the Caledonian Road selling pet food, mirrors, ironware and food flash past. It's always a bit of a shock, leaving her own quiet street and seeing what lies just a block away; the poverty and squalor, the ugly council buildings and run-down commerce. Polly is just old enough to remember how English shops had once closed for half of Saturday and half of Wednesday as well as all day on Sunday. She can remember her mother coming back triumphant from the corner shop saying, 'Open at eight p.m.! We've just become like New York!'

It is unthinkable now, to live as her parents had done, going to work only from nine till five and enjoying the benefits of newly formed education and health services. What paradise it had seemed! Now, in order to pay their exorbitant mortgages, and ever more exorbitant fuel prices, British adults have to work long hours – the longest, it's said, in Europe. Unless they are very rich, women are expected to work as well as have children; without the little cafés, the cleaners, the au pairs, the builders, and the late-night shops – all dependent on migrant labour – the professional classes could not manage. But we too are being squeezed, Polly thinks. Even to get into a good prep school[2], Robbie[3] had had to compete against the sons of oligarchs[4] and ambassadors, and every year her children have to sit gruelling internal exams in order not to be chucked out[5] to make way for more.

'Job, how did you get to school?' she asks.

'I walked. Over hill, over dale, thorough bush, thorough briar.[6]'

'Was it far?'

'Only five miles.'

'Wasn't it dangerous?'

'Sometimes there were snakes.'

'Oh.' Polly closes her eyes, imagining a small boy in the bush. 'How horrible.'

'There are many snakes in Africa,' says Job, laughing. 'They are less dangerous than men.'

[…]

'Would you go back if you had a different leader?'

'Of course. I love my country, and my people. But until something changes, I have to stay here, praying the police never stop me.'

'If they do, Job, I'll try to help you. You do know that, don't you?'

'Thank you,' he says gravely. 'I hope I will not need it, madam.'

They arrive in Muswell Hill[7], where Hemani and Daniel now live. [...]

Ellen and Ivo are there already. Polly is delighted; alongside Daniel and Hemani they are her favourite couple, for Ivo is always entertaining and full of good gossip, as is Ellen.

'How's work?' Ellen asks and Polly sighs.

'Grim. I used to be proud of living in a country which helps refugees,' she says. 'But now people think I'm doing something bad.'

'Does it ever occur to you, honey, that they might have a point?'

'Ellen, you have a foreign nanny, don't you?'

'Sure,' says Ellen oblivious. 'You know, Tamara's first words were in Mandarin?'

[Ellen shows them a picture of her and Ivo's daughter.]

'Beautiful,' Polly says.

'Ah, but you know why that's so,' says Hemani. 'The more you mix up different gene pools, and different nationalities, the more you get children in whom faulty genes are suppressed.' [...]

'That's our problem, Polly.' Ivo is on form, she sees. 'We're too English.'

'Ivo, don't be an idiot,' says his wife. [...]

'Nobody is English anymore, have you noticed?' Ivo says. 'We're all British.'

'Excuse me', says Daniel. 'Whenever there is a World Cup match you can't move without seeing St George crosses[8] hung from cars and council flats. The problem is that the English have become the underclass, covered with colonial guilt.'

'What, we should be singing the national anthem in front of the Union Jack in schools?'

'At least reimpose[9] proper border controls and ID cards.'

'How can you say that, Hemani?' Polly asks.

'Because, obviously, too many new immigrants makes it bad for those of us who got here first,' says Hemani. 'There's a limit to how much a culture can absorb, and we're long past it.'

'Oh I hate all this us and them!' Polly exclaims passionately. 'When we invaded places like Africa and India, we broke down a door, and now we don't like it that they come here, just as we went there. Well, tough. It's not a question of morality. There is no us and them. There's just people. We're all migrants from somewhere.' *(770 words)*

Amanda Craig: Hearts and Minds, London 2009, S. 196–199.

1 Bill – Polly's lover; Theo – Polly's ex-husband
2 prep school – short for preparatory school: a private school where students are prepared for entry into a higher form of education

3 Robbie – Polly's son
4 oligarch – generally refers to influential and wealthy business people, often from Russia
5 to chuck out – to throw out
6 "Over hill, over dale [valley], thorough bush, thorough briar [thorny plant]." – quote from Shakespeare's *A Midsummer Night's Dream*
7 Muswell Hill – a rather well-to-do North London suburb
8 St George cross – *here:* the English flag (a red cross on a white background)
9 to reimpose – to reestablish, to reinforce

Material 2

© Monte Wolverton / politicalcartoons.com, 28. 06. 2016.

Aufgaben

1. Outline life in Britain as presented in the excerpt. (Material 1) (30 BE)
2. Analyse Polly's attitude towards immigrants. (30 BE)
3. Choose <u>one</u> of the following tasks: (40 BE)

3.1 "There is no us and them. There's just people. We're all migrants from somewhere." (Material 1)
Inspired by Polly's statement, write a letter to the author supporting Polly's view with references to material dealt with in class.

or

3.2 Interpret the cartoon. (Material 2)

Prüfungsteil 2 (Schreiben) – Vorschlag B 2: *South Asian immigrants*

Dieser Vorschlag bezieht sich auf Hanif Kureishi: „My Son the Fanatic".

Material: Amanat Khullar: A mental health crisis brewing among South Asian immigrants in the West needs serious attention (2020)

The article discusses problems of South Asian immigrants who move to western countries such as the UK or the USA.

The stigma around mental health, especially among South Asians, often deters members of the community to seek help. Dil to Dil, a non-profit organisation in the US, aims to address just that. Tahim, a licensed professional counsellor based in Washington, D. C., is a member of the online community working towards deconstructing stigma surrounding mental health illnesses in South Asian communities through open and honest conversations.

"We have someone share their journey and their own mental health story, which allows people to know there are others that may be experiencing the same thing that they are going through," the 31-year-old explained, adding that they are mostly active on Instagram. "It also gives people the opportunity to speak openly in a safe environment."

Brown Girl Therapy, a mental health community for children of immigrants, is another such initiative. Founded by Sahaj Kohli, a second-generation South Asian immigrant and therapist in training in New York City, the online community aims to help immigrants – especially South Asians and women of colour – learn more about therapy and identity exploration.

Such online communities and a rise in conversations on social media around the common mental health struggles of South Asian immigrants have helped take away some of the stigmas around therapy, which Dr Tina Mistry, a Birmingham[1]-based clinical psychologist, said has brought several members of the community to her clinic. […]

For children of immigrants, there is a duality in their hyphenated existence[2]. "We have the freedom to pick and choose from both cultures, identities and communities," Kohli wrote on Twitter. "But with that also comes the isolating reminder that we don't totally belong in either."

This cultural conflict, especially among teenagers and young adults, can often lead to an identity crisis. "You could get to a point where you suddenly realise I haven't got a clue who I am," explained Mistry. "It's not a binary process. It's a very gradual transition that you may face. […] So you get this kind of conflict of sorts, and begin to wonder, 'Who am I supposed to be? What am I supposed to be?'" […]

In her practice, Tahim has encountered a number of cases of depression and anxiety among her South Asian clients, which she believes are often a result of suppressed emotions. To get to the root of the issue, Tahim says she asks her clients: "What did you perceive as love and being cared for when you were growing up?"

Often, the response is linked to academic or professional achievements. "Coming from a South Asian culture, we're told that success only means making a certain amount of money, being in a certain career field or achieving more than a relative's child," said Tahim.

While it's not unusual for accomplishments, identity, and worth to be intertwined, according to Kohli, this can create unique struggles for children of immigrants in the workplace and in their careers.

"Parentification," explained 35-year-old Khaira, can be another common struggle for children of immigrants, "where they act like grown-ups for their parents – helping them negotiate the challenges of life in a new country, especially where there is a language barrier".

A common narrative that plays out among the global South Asian diaspora[3] is of a resilient community that moved away from their native lands with little money in their pockets, often facing racism and violence in their adopted country.

"We've all grown up knowing about this, and sometimes, as children of immigrants, you might feel like your struggles pale in comparison to that of your forefathers and so you shouldn't complain," said Kahira. "This can lead to children of immigrants invalidating their own experiences and telling themselves they have no right to be unhappy because 'at least they have it easier than the generations before them', or worse, having their feelings and experiences be minimised by their families because they themselves had it worse."

This dynamic can often breed shame and guilt, which Mistry classified as "toxic emotions that can immobilize us," and can lead to low mood and depression. Through therapy, Mistry said, she aims to help South Asian immigrants pass down their gifts to the next generation, rather than their burdens.

Being an immigrant also means having to "adapt to live in a white person's world," she said. "We have to assimilate and mould according to the dominant culture because of the fear of racism." *(724 words)*

Amanat Khullar: A mental health crisis brewing among South Asian immigrants in the West needs serious attention, in: Quartz India, 15. 09. 2020, URL: https://qz.com/india/1903589/immigrants-in-uk-us-struggle-with-depression-finding-therapist/ (abgerufen am 05. 04. 2020).

1 Birmingham – city in England
2 hyphenated existence – describes the dual identities of immigrants belonging to two cultures or nationalities, such as Asian-American
3 diaspora – a group of people who settled far away from their ancestors' homeland

Aufgaben

1. Outline the problems and conflicts of South Asian immigrants and the solutions described in the text. (Material) (30 BE)

2. Compare the situation of South Asian immigrants in Western countries as described in the text to Ali's in "My Son the Fanatic". (40 BE)

3. Choose **one** of the following tasks: (30 BE)

3.1 Discuss the role of school and community life to support young immigrants with their identity conflicts.

or

3.2 "[Y]ou don't have to fit into some box … you don't have to fit in *at all*. There is nothing to fit in*to*. We're beyond labels. Bigger than either/or. Us/them. We're *and/and*." *(Tanuja Desai Hidier, Indian-American author, 2020)*

Taking the quote as a starting point and referring to material dealt with in class, write an article for an English newspaper about the benefits of multicultural backgrounds. You can write as a journalist and/or as someone with a multicultural background.

Lösungsvorschlag

Prüfungsteil 1 (Sprachmittlung) – Vorschlag A: *Living in a digital world*

In this task you have to write an email to the members of your workshop group at your American partner school. You should inform them about the situation in Germany. Read the text carefully and underline the information given on the use of digital media and on attempts to reduce the time spent in the virtual world. Address your email to your fellow students. Keep in mind that you are supposed to give an outline of the current situation, so omit minor details. Start off with an introductory sentence containing the topic and the source.

Mention the following points:

- *People in Germany are spending more and more time on the internet.*
- *Excessive use of the mobile phone, surfing the internet and the use of social media are the major time consumers.*
- *This trend has led to a cutback in spare time for social activities and recreation.*
- *It is not known whether digital consumption might impact our mental health e. g. by causing loneliness or depression.*
- *Some people like Jan Rein abstain from the use of the internet for some time to change their habits when they start using it again.*
- *Some users are increasingly questioning the value of their online activities and are developing strategies to achieve a greater balance between real life and virtual reality.*
- *Actions taken by users to achieve more thoughtful use:*
  - *limit the time spent answering emails or researching certain topics*
  - *use social media only for specific purposes*
  - *reduce the number of platforms you regularly use (e. g. YouTube)*
  - *replace online time with real life experiences*

greeting

Dear members of the workshop,

introduction

I would like to inform you about recent trends in the use of digital media in Germany. In an article published in the magazine *Focus* in 2019 I read that many Germans seem to lose themselves in the online world. The text outlines the negative aspects of an extensive use of digital devices as well as ways to reduce the time spent on the internet.

main part
use of digital media in Germany

On average Germans spend more than three hours a day looking at their digital devices. People spend most of their time looking at their phones to surf the internet and use social media. As a result, individuals have less time to spend on social activities and recreation. At the moment nobody knows what impact this trend might have on our mental health or whether this dramatic increase in digital consumption might cause loneliness or depression.

recent trend of limiting online activities

Some users of digital media who are fed up with navigating the endless spaces of the internet are trying to re-establish a balance between real life and virtual reality. They are increasingly questioning the value of their online activities and are trying to limit the time they spend in front of digital devices in order to replace it with experiences in real life.

The article provides information on author and nutritionist Jan Rein, who even opted to stay offline for one year, which meant that he quit blogging and uploading his videos on cooking. After one year offline he returned with self-imposed restrictions. Rein no longer posts videos on YouTube and checks his e-mails only once a day for a maximum of one hour. He has also strictly limited his use of social media to contacting relatives in Brazil. The time he spends on food-related topics is also limited to one hour every afternoon. Due to these limitations, he now has more quality time to do sports or meet friends, which he thinks has improved his quality of life. Although Rein concedes that digital media has brought about many advantages, he underlines that the use of media must be reflected upon critically. — example of Jan Rein

I hope this helped to give you a good idea of recent developments with regard to how people are interacting with social media in Germany and I am looking forward to hearing from you. — **conclusion**

Take care,
Gloria — **sign off**

(384 words)

Prüfungsteil 2 (Schreiben) – Vorschlag B 1: *Immigrants in Britain*

Teaching module referred to:
The task refers to the teaching module Great Britain – Past and Present *(Q 2.1), especially to the topics* Social structures, social change (ethnic minorities, multiculturalism) *and* Being British: national identity and national stereotypes *and to the module* Ethnic diversity *(Q 2.2). The cross-curricular reference is established by part one of the examination (Prüfungsteil 1).*

1. ***Step 1***
   Read the extract carefully and highlight all passages that reveal something about how life in Britain is depicted. Make notes about the different aspects of life mentioned in the text.
   Step 2
   Start off with an introductory sentence referring to the author, the title, the type of text as well as the topic and the date of publication.
   Step 3
   Consider that you are requested to outline how life in Britain is presented in the text at hand. Limit yourself to the main features of the text without commenting on them.
   Mention the following points:
   – *UK is a class-ridden and economically fragmented society*

- *poverty is visible on the streets in some quarters of London → people struggle to make a living*
- *people of upper and upper middle class experience increasing pressure too*
- *undocumented immigrants are a vulnerable group*
- *immigrants who worked their way up like to socialise with members of their own class*
- *different concepts about national identity and immigration*
- *double standards → people who rely on cheap migrant labour and/or people with own history of migration want stricter immigration laws*

introduction

The given text, an excerpt from Amanda Craig's novel *Hearts and Minds* published in 2009, deals with life in multicultural Britain. The excerpt provides insight into an economically and socially fragmented class-ridden society. Financially well-off people have different concepts about national identity and double standards when it comes to immigration.

main part
living conditions

There are appalling run-down quarters in London where the poverty is visible on the streets that mainly consist of small shops which are open around the clock and council house buildings. The inhabitants there seem to be struggling to make a living. Yet, the pressure is also high on urban professionals who live in better neighbourhoods. They are no longer able to lead the seemingly easy life of their parents as the costs of living force them to work longer hours, the longest in Europe. Single mothers are particularly affected unless they are rich. In school the children of these professionals are forced to compete with the offspring of the super-rich. On the other hand, some people like the protagonist can afford a driver and private schools for their children.

situation of immigrants

London is also the home of undocumented immigrants who are especially vulnerable since they fear being stopped by the police. Assimilated first generation immigrants who have succeeded in climbing the social ladder on the other hand live in well-off suburbs where they socialize with other members of the upper and upper middle class.

view of upper classes on national identity and immigration

The text shows that these well-off people have different views on national identity and immigration which are often combined with double standards. Some of them want to stop immigration although they rely on cheap migrant labour themselves, like one of the couples in the text that is in favour of stricter immigration laws despite the fact that they hire a Chinese nanny. Even some people with a history of migration want stricter laws and more border control. The host of the party is afraid of negative consequences for migrants who have worked their way up in society should more refugees arrive in the UK. Others express regret that the English have become a sort of underclass as everyone wants to be British.

The protagonist refutes these arguments by referring to British imperialism as one of the main reasons why people arrive in the UK. She is convinced that ethnic and intercultural barriers are irrelevant since everyone migrated from somewhere. *(392 words)*

2. ***Step 1***
Start off with the observations that Polly makes about Job in the very first lines and analyse the dialogue in ll. 21–34.
Consider the following points:
- *relationship between Polly and Job*
- *Polly's seat in the car*
- *her clichés about life in Africa*
- *Job's educated background when quoting Shakespeare*

Step 2
Consider Polly's...
- *way of describing the run-down ethnic quarter in ll. 4–20*
- *final remarks at the end of excerpt*
- *feelings about the run-down quarter*
- *feelings about the situation of White*/upper class professionals*
- *exclamation at the end of the excerpt*

Step 3
Come to a conclusion and proofread your analysis.

introduction

In the excerpt the protagonist Polly Noble, a human rights lawyer and single mother is on her way to the party of her friend who is a first-generation immigrant and lives in a well-to-do London suburb. On her way to the party as well as at the party the reader learns about Polly's attitude towards immigrants.

main part
conversation between Polly and her driver

In her role as a lawyer and employer Polly displays a compassionate attitude towards her driver, Job, who is an undocumented immigrant from Africa. Polly is astonished that she has actually established a close connection to her driver with whom she speaks more than with her lover or her ex-husband. This impression is intensified by the dialogue between Polly and Job in ll. 21–34. Polly is interested in finding out what Job experienced at school in his home country. Interestingly Job answers with a quotation from Shakespeare's *A Midsummer Night's Dream* to illustrate that he had to walk five miles on foot on dangerous paths on which he often encountered dangerous snakes. The fact that he quotes Shakespeare shows he is educated. Polly does not pick up on the reference but shows interest in whether or not Job would return to his home country if the political situation changed for the better. Job fears being stopped by the police. Polly shows empathy and feels for him. That is why she generously promises to support him if he gets in trouble.

Yet, the encounter between Job and Polly also reveals that Polly is caught up in racial bias. During the ride in Job's car she has mixed feelings about sitting in the front seat and prefers the back seat, although she is on friendly and close terms with him. She does not explain why she would not feel at ease sitting in the front next to Job.

Polly's racial bias

The dialogue indicates that Polly's compassionate and empathetic attitude towards Job is based on superficial clichés of life in Africa. When Job mentions the dangerous snakes he encountered on his way to school, she pictures him as a small, helpless boy in need of protection and pities him. (cf. l. 27) Upon hearing that Job fears being stopped by the police she offers to try to help him. (cf. l. 33) Polly is obviously not aware of the fact that she is treating him with a slightly condescending sense of superiority. Although she is dependent on his services as a driver, she is unable to meet him at eye level.

compassion for driver's situation on the surface

When passing through the dilapidated ethnic neighbourhood, Polly is shocked and upset by the dismal conditions. Nevertheless, she immediately puts the suffering of the poor into perspective and compares it with her own, rather privileged inconveniences. She knows that professionals depend on cheap migrant labour and shops that are open around the clock, but immediately reflects on her own victimization by economic pressure and long working hours. She also views her son as a victim of the competition with super rich offspring of Russian oligarchs at school not recognizing the privilege of being able to afford a private education for him. (cf. ll. 15–20)

compares own inconveniences with sufferings of immigrants

At the dinner party Polly reproaches a couple for applying double standards about immigration. They are hiring a nanny from China while being sceptical about the benefits of immigration. In the end she does voice an explicit opinion against the effects of British imperialism in the past and passionately claims that the British "are all immigrants from somewhere" (ll. 63/64). So one could argue that Polly is not fully aware of the fact that she is excluding questions of equal opportunity and class divisions herself even though she does not openly oppose immigration. That is why her solemn proclamation at the dinner party has a superficial ring to it.

reproaches double standards of others, cannot see her own bias

To sum up, as an immigrant attorney it is Polly's job to treat immigrants in a just way, but at the same time she supports an exploitive system. All in all, she seems to have an ambivalent attitude towards immigration of which she is unaware. *(663 words)*

conclusion

3.1 ***How to approach the task:***

Keep in mind that you are required to address your letter to Amanda Craig and not to Polly. You are also supposed to refer to material dealt with in class.

Stress the importance of the given quotation as a guiding light for the future. Use the quotation as a starting point and compare its message with what you know about real life conditions of migrants in England, Europe or even the USA. Explain what you know about the situation of migrants in Britain and elsewhere. Consider the following aspects:

Situation of immigrants:

- *immigration status*
- *living conditions and problems*
- *opportunity and access to education*

Attitudes towards immigration:

- *class divisions and social problems*
- *current migration policies*

Work done in class, e. g.:

- *"The British" by Benjamin Zephaniah*
- *"The Embassy of Cambodia" by Zadie Smith*

Dear Ms Craig,

greeting

I would like to comment on a quotation from your novel *Hearts and Minds*, in which Polly as a literary figure expresses her disgust at the idea of differentiating between the "British" and the "strangers" from foreign countries. Your protagonist speaks my mind when she emotionally proclaims that "There is no us and them. There's just people. We're all migrants from somewhere." Unfortunately, this is not yet the opinion of the majority of the people in industrialized countries and this utopian vision is very far from reality.

introduction
reference to the quote

Nevertheless, I do see Polly's basic message as a guiding light for the future which will hopefully contribute to the establishment of true social and economic equality. Mutual tolerance as well as peaceful relations between ethnic minorities and the mainstream cultures of their host societies are a requirement for that. The notion that there is no "us and them" seems very promising since it implies that we are all people who live in one world, regardless of our origin, skin colour, religion, economic status or cultural heritage. To me this seems to be an ideal vision of a peaceful world without bigotry or prejudice. I was very impressed by the simple, clear and outspoken language Polly uses in her emotional outburst.

main part
reference to the quote, Polly's view

The statement that "We are all immigrants from somewhere" reminds me of Benjamin Zephaniah's poem "The British". In this poem Zephaniah, the son of an immigrant from the West Indies, expresses his view on "them and us" in a poem which is structured like a recipe. In this poem British society is presented as a mix of

reference to work done in class:
poem *The British* by Benjamin Zephaniah

many different cultures starting with the times of the Picts and the Scots and going on to mention different important stages of history until the present day. Zephaniah considers tolerance and social equality as prerequisites for a harmonious and peaceful society. I share this opinion and favour policies of social and economic inclusion within a multicultural society based on human rights and equality.

In class we read the short story "The Embassy of Cambodia" by Zadie Smith. The protagonist, a young woman from the Ivory Coast called Fatou, is an illegal immigrant who came to London hoping for a better future. Yet what she experiences is unfairness and exploitation. Fatou works as a nanny and a domestic servant in the well-established household of an Asian family where she is trapped in an unfair situation and exposed to racism, humiliation and physical violence. The Derawals retain Fatou's wages in exchange for food and lodging and keep her passport. When they no longer need her services, they fire her suddenly. Upon Fatou's request they shove her passport under the door before she leaves the house, facing an uncertain future.

short story *The Embassy of Cambodia* by Zadie Smith

Generally, this is a drastic example of exclusion which can contribute to poverty, parallel societies or even to social disruption and violence. Traditionalists arrogantly view the influx of immigrants or migrants as an "invasion" without acknowledging that host societies depend on migrant labour. People like Fatou deserve fair treatment, fair pay and access to education and equal rights.

living conditions and problems of immigrants

These are the reasons why I appreciate what Polly says in the given quotation. I hope that her humane and simple message will become reality in the near future, although I am sceptical about this.

conclusion

Kind regards,
Luise (551 words)

sign off

3.2 ***How to approach the task:***

Step 1

Consider the cartoon as a visual text with a message. Pay special attention to the visual elements and the contents of the speech bubbles as well as to the sign on the entrance to the castle. Start off with an introductory sentence which contains the name of the cartoonist, the date of publication and the topic. Give an overview of the structure of your analysis.

Step 2

An interpretation requires you to put the meaning of the cartoon into a wider context. It might be helpful to make a list of what you have read about the British Empire, Brexit and recent debates on immigration policy in Britain.

Step 3
In a final step come to a detailed conclusion concerning the message of the cartoon.
Mention the following points:
- *description: castle is isolated, frayed Union Jack flying on tower, signs with inscriptions, speech bubbles with opposing attitudes towards British Empire, gloomy atmosphere*
- *message/interpretation: warn the public about current nationalist tendencies, clear stand against outcome of Brexit referendum, public divide between conservative, outdated ideas on Britishness and liberal ones, fear of increase in xenophobia in the UK*

introduction

The cartoon by Monte Wolverton was published in June 2016, just a few days after the referendum on Brexit. The cartoonist intends to sensitize the public to potential negative effects of Brexit which he opposes, as he sees the danger of the UK isolating itself from the rest of the world. First, I will analyse the visual elements before determining the message that is conveyed.

main part
description of the castle, the sign, the speech bubbles and the gloomy atmosphere

The main visual element dominating the cartoon is a solid castle on an island in the sea. The castle consists of high brick walls and several watchtowers of different shapes and sizes. In front of the castle there is a wooden landing bridge which ends abruptly above the water and is not connected to the shore. The Union Jack which is flying on one of the towers of the castle and the bold letters "UK" on the entrance make it clear that this castle stands for the United Kingdom which is obviously separated or isolated from the rest of the world. As one can read on the sign or inscription on the locked entrance to the castle the isolationist UK warns all Europeans and all other foreigners to stay off the island. Everything is written in capital letters. Parts of the flag seem to be frayed on the right side and the dark clouds indicate looming stormy weather, which creates a gloomy atmosphere. The speech bubbles which are arranged opposite each other on the left and the right side of the castle contain a dialogue which obviously shows that there is a dispute among the inhabitants of this castle. The speech bubble connected to a more solid tower contains the statement that the speaker sees a chance to restore the British Empire to its former glory. The words printed in large capital letters that are partly in bold print show that loud voices are demanding this. The second speech bubble which is printed in smaller capital letters without bold highlighting is above a more fragile tower of the castle. This implies that critical voices on the greatness of Britain's past are on the retreat or at least in a defensive position.

message of the cartoon: warning about nationalist tendencies

The cartoonist intends to warn the public about current populist demands for British world power and grandeur which are based on a sense of superiority and chauvinism. It is this, the cartoonist is implying, that led to Brexit. During the age of the British Empire, the world's leading colonial power subjected large parts of the world in all continents to a colonial status. Colonials were exposed to economic exploitation and social segregation as well as to racism. Despite these facts there is a large majority of people who do not share this critical perception of the British Empire, and which the author criticises. He sees this as the main reason for the current revival of xenophobic and nationalist tendencies.

With the help of this cartoon Monte Wolverton takes a clear stand against the results of the referendum on Brexit in 2016. The core of the cartoonist's political message is that Brexit, a self-imposed isolation from the rest of the world, will contribute to internal strife among the people living in the UK. While traditionalists and conservatives will resort to outdated principles of Britishness, liberal forces will support the idea of "one world" and freedom of movement. This public divide is most probably a reference to the generational and public controversy on Britain's exit from the European Union. The sign at the entrance to the castle makes it clear that the cartoonist fears an increase in xenophobia that will affect all foreigners including Europeans.

clear stand against outcome of Brexit referendum and outdated ideas of Britishness

To come to a conclusion, the message of the cartoon amounts to a severe warning against outdated nationalist tendencies in post-Brexit Britain, for they might encourage deep-seated xenophobic and even racist attitudes. *(631 words)*

conclusion

Prüfungsteil 2 (Schreiben) – Vorschlag B 2: *South Asian immigrants*

Teaching modules referred to:
The text at hand refers to the teaching module Ethnic diversity (Q 2.2) *focussing in particular on the topic* Great Britain as a multicultural society.

1. ***How to approach the task:***
   Step 1: *Read the article carefully and highlight problems and conflicts of South Asian immigrants with one colour and the solutions with a different one.*
   Step 2: *Start with an introductory sentence that mentions the text type, the title, the author, the year of publication and the topic.*
   Step 3: *Present the problems and conflicts and then the solutions as mentioned in the article. Keep in mind that in an outline you only need to mention the main aspects of the text.*
   You could refer to the following aspects:
   Problems of South Asian immigrants:
   - *bigger stigma when they have mental health problems*
   - *identity crisis when they grow up with two cultures*
   - *depression and anxiety among young people as a result of high parental expectations → love and care sometimes in exchange for academic success only*
   - *the burden of being responsible for their parents if children speak the language better*
   - *invalidated feelings and toxic emotions → current problems seem small compared to those of forefathers of first-generation immigrants*
   - *young immigrants feel the need to adapt to avoid racism*

   Solutions to the problems:
   - *non-profit organisations offer safe space to share experiences about mental health problems and to overcome the stigma*
   - *help people to get therapy*

introduction

The article "A mental health crisis brewing among South Asian immigrants in the West needs serious attention", written by Amanat Khullar and published in *Quartz India* in 2020 discusses various struggles of South Asian immigrants in the UK or USA concerning their mental health and provides some examples of what can be done to overcome these issues.

main part: problems of South Asian immigrants

First of all, having mental health problems is still more stigmatized among South Asians which is why many of them don't seek help even if they find themselves facing a variety of problems. Children often feel isolated because they feel they neither belong to the culture of their parents nor to the society they live in. This identity crisis can lead to depression and anxiety. Many of them also feel pressured by their parents to excel in school or in their career. Often, they think that their parents' love and affection is dependent on how well they do professionally. Others are burdened by the responsibility for their parents as they need to translate for them because they speak the language better than their parents. When the young generation describes these struggles, these are often played down and not listened to because the parents' and grand-parents' generation had to endure even more difficult situations when they left their home country. As a result, young people may feel ashamed and depressed. Furthermore, all generations of immigrants feel the need to adapt to Western culture in order to avoid racism.

The article also mentions some solutions to these problems. For example, it points out that there are non-profit organisations that offer safe spaces like online mental health communities where people can speak about their identity problems. These sites also publish the stories of other people who share their experience with mental health problems as opening up like this helps others overcome the stigma. Furthermore, such organisations want to help people to learn more about therapy so that they don't pass on their fears to the next generation. *(331 words)*

solutions to the problems

2. ***How to approach the task:***
Look for aspects that are similar for South Asian immigrants as described in the article and for aspects that are different from the situation in "My Son the Fanatic".
You can think about:
Differences:
- *reasons why younger generation struggles and the consequences these bring with them → in the article young immigrants often develop mental health problems, whereas in the short story Ali turns to religious fanatism*
- *no "parentification" in the short story → unlike the young immigrants in the article, Ali does not have to help his father with translations*

Similarities:
- *parental expectations → in the article and in the short story parents expect their children to be successful*
- *toxic emotions like shame and guilt → article portrays shame of young immigrants of not being able to fulfil parents' expectations, short story shows Parvez's shame about his son's religious extremism*

The article deals with the problems South Asian immigrants have to face in the US and the UK. The short story "My Son the Fanatic" portrays one South Asian family, Parvez from Pakistan and his teenage son. I'm going to explain what both texts have in common and in which ways they differ from one another.

introduction

First of all, according to the article, the relationship between young immigrants and their parents is usually very complicated as these young people grow up in two cultures and don't feel as if they belong to either one of them. This is the reason why these teenagers often develop mental health problems. In the short story the situation is different because the father, Parvez, has been working as a taxi driver in London for twenty years. He has already assimilated and adapted to a lower-class life in Britain and accepts the Western lifestyle. It is never said explicitly in the story that Ali feels torn between two cultures. Instead, Parvez's son had a British girlfriend, was good at school, played the guitar and enjoyed a Western way of life. Then, very abruptly, without any clear reason, he rejects this lifestyle completely, and breaks up with his girlfriend. At the core of the article lies the feeling of being torn between two cultures and the depressions and mental health issues it can cause. Ali on the other hand solves his problems by turning to religious fanatism. Although it is hinted in the story that he feels rejected by British society, his personal struggles and feelings are not mentioned.

main part: differences: reason why younger generation struggles

Another difference is that in the article the focus is on immigrants who haven't spent such a long time in the country, which is why they need help from their children, for example with translations. Parvez in "My Son the Fanatic" doesn't have language difficulties and he knows the British culture quite well. Thus, unlike the children in the article, Ali never had to "take the role of the parent" in their relationship.

differences: no "parentification" in the short story

In "My Son the Fanatic" as well as in the article, parental expectations play a significant role. The article discusses how parents expect their children to excel academically and in the short story, Parvez also wants his son to study in order to climb the social ladder. In both texts pressure is put on teenagers to be successful because the parents work so hard to make an academic career possible. Furthermore, they see their children's academic achievements as a sign of their own successful integration process. In the article, however, the South Asian immigrants suffer from anxiety and depression as a result, whereas in the short story, Ali clings to tradition and religion.

similarities: parental expectations

In both publications shame is very important but from two different perspectives. In the article children experience shame and guilt because they can't fulfil the above-mentioned parental expectations of success and happiness. The children of South Asian immigrants might not have to experience their parents' hardships but they feel ashamed for still struggling with being successful and happy in a foreign culture. In the short story, it's the father Parvez, who feels ashamed as he thinks that his son's failed integration is

similarities: topic of shame

somehow his fault. Therefore, Parvez doesn't want to talk with his colleagues and friends about Ali. He also feels responsible for his son's development as it reflects how well he did as a father.

conclusion

To sum up we can say that both texts have similarities, but the issues are presented in a different way. Both texts show that immigrants struggle emotionally and often have mental health issues. While the article offers a general analysis of the situation the short story portrays an individual conflict between a father and a son. The article also focuses more on problems that come from intergenerational conflicts and parental expectations, whereas the short story describes a problem that is deeply rooted in Western society, in which people like Parvez still have to drive taxis at night after 20 years and where teenagers like Ali, who must have lived in Britain most of his life, are still seen and labelled as "foreign immigrants". *(688 words)*

3.1 ***How to approach the task:***

Here you need to discuss to what extent schools and communities can support young immigrants with their identity conflicts. You can think about the following questions: In what way can school be helpful if you have an identity conflict? Think about aspects like the peer group, the teachers, the social workers at school. What are the limits of school as a supportive environment? How can community life help young immigrants? What can community life offer that school can't in this regard?

Support at school and in the communities and its limits:

- *at school: through peers, teachers or social workers → only possible if problems are known and pupils are willing to talk about issues*
- *through community life: shared activities with others*
- *through immigrants as role models in the communities*

introduction

Every teenager has some issues when they are growing up and becoming adults. Usually their parents, their peer group and their school or work environment eventually help them to get through this difficult transition. Young immigrants often can't solve their identity crisis with the help of their parents because their parents come from one culture while the children grow up bicultural. Therefore, they need support outside of their families too. The question is to what extent school and community services can help these teenagers with their problems.

main part

support for young immigrants at school and its limits

First of all, at school young people are in class and like to hang out with their peers. Whether they are immigrants, have different cultural backgrounds or not, young people tend to face similar issues and can talk to one another and help each other figure these out. Even if this is not the case, and there are only a few young people from a multicultural background, then other institutions at school can provide help. If the teacher notices that a student's behaviour has changed or they seem depressed, they can talk to them. Social workers employed at the school can also talk to young immigrants as they are trained to deal with these issues. Teachers at school can also share literature or articles with their students which tackle how to deal with identity issues. Help can only be provided if the young people reach out to others and are willing to talk about their problems. If, however nobody notices that young immigrants are struggling with their situation and if they don't talk about it, it is very difficult to provide help.

support through community life and its limits

Another place where young immigrants can find support is in their communities. One of the problems of growing up with a bicultural identity is that often you live in one culture but have a different cultural heritage. In order to grow up in a healthy way it is important to give both cultures room. If a teenager with a South Asian background lives in the United States, they might need both the opportunity to be around peers with the same South Asian background and to spend time with a group of young people who mostly grew up in the United States. Sports clubs, theatre groups or any other free time activities with other young people can help teenagers to feel included. Other free time activities with peers with the same ethnic background can help teens to get to know their parents' cultural roots so that they can understand their cultural heritage. All these activities are only possible if the teenagers live in a community where they can access different activities easily. When there are no sport facilities nearby or when teenagers are not interested in sportive activities and do not like being in a group, it will be difficult for them to find support.

support through immigrants as role models in the communities

Thirdly an open society needs to make it possible for young immigrants to identify with their culture and values. It needs representatives, be it the mayor, a fire fighter, a social worker or the teacher, who also have a multicultural background to be role models for young immigrants. These real life positive examples are essential for these teenagers to find their own identity and place in modern society.

conclusion

To sum up, raising awareness about the struggles of young immigrants is one aspect that helps them. They need to be seen and they must feel welcome, both in a multicultural society as well as with their peers. Additionally White* people need to be aware of racist mindsets that they might still have and unlearn them so that young people don't feel rejected. *(604 words)*

3.2 ***Step 1****: Think about the benefits of a multicultural background. Brainstorm ideas first and then make a list with arguments.*

You might think of:
- *awareness of problems with labels and stereotypes → inherent knowledge that every individual is beyond labels*
- *openness for cultural differences and ambiguities, own experiences can lead to more open-mindedness → support of society needed, as it is not an automatic process*
- *language and cultural skills → unique knowledge of two cultures and languages*

***Step 2**: Think about texts you have read in class that cover the topic "multiculturalism" and the ways in which they show benefits of a multicultural background. You can use the following strategies:*
- *describe and apply the concepts of "melting pot" and "salad bowl" as taught in class*
- *refer to texts of all genres that you read in class which show positive aspects of multiculturalism, for example the poem "The British" by Benjamin Zephaniah*
- *provide negative examples, like "My Son the Fanatic" or "The Embassy of Cambodia" and contrast them with positive examples of multiculturalism*

***Step 3**: Decide whether you want to use the perspective of a journalist or whether you want to write from a multicultural perspective (or both). Writing from the perspective of somebody with a multicultural background allows you to provide examples from your "own" experience but on the other hand – it needs to sound authentic.*

***Step 4:** Start with the quote and an introduction. Present your arguments and link them with the material dealt with in class. At the end, sum up your arguments and come to a conclusion. Do not forget a headline, as you are writing an article for a newspaper.*

Multicultural backgrounds – an enrichment for the individual and society

headline

"[Y]ou don't have to fit into some box ... you don't have to fit in *at all.* There is nothing to fit into. We're beyond labels. Bigger than either/or. Us/them. We're *and/and*". With these words, the Indian-American author Tanuja Desai Hidier describes what it means to have a multicultural background in today's society. According to her, having a multicultural background is something positive, as every human being is beyond any label. Growing up, teenagers are likely to think that they have to fit in, especially when they are torn between two cultures. A multicultural background can have benefits for the individual person and for society.

introduction
explanation of the quote

One advantage of being bicultural is the intrinsic knowledge that labels don't fit real people and that applying them to a person can often be painful and exclusive. Beside race there are many other labels people tend to give each other, for example for gender, sexual orientation, social class, health issues, and so on. Having grown up with a multicultural background you are automatically more aware of the danger of labelling and categorizing people into different groups. People are individuals and you should try to get to know them instead of putting them into categories. This mindset

benefits for the individual:
multicultural background helps overcome labels

can help at school, at the workplace or privately. It reminds you to remain open to other people's ideas and thoughts and to be aware of prejudices.

Ideally, a multicultural background can help individuals to remain open-minded, as they have experienced ambiguity throughout their lives. To them it is natural that two opposing views can be valid at the same time. They experience that family life, eating or celebrations differ in each culture, but these differences can coexist, as there is no right or wrong. With a multicultural background you are usually less inclined to judge others. However, this is not always the case. In the short story "My Son the Fanatic" the son Ali grows up with two cultures and rejects the Western way of life completely. In his opinion there is a right and a wrong way in life. To him fundamentalist religious beliefs are the right choice. As we can also find people like him in real life, it is our task as a society to learn to understand why some people with a multicultural background turn to extremism to stop this from happening.

bicultural background enforces open-mindedness

When, however, everyone is accepted the way they are, an open society can really benefit from people with a multicultural background. Very often they can speak two languages fluently and know another culture really well. This unique knowledge is a huge benefit for employers and society as a whole and lets young immigrants stand out from the rest. It is only possible if people are willing to accept that they live in a multicultural society and want to embrace differences. For example, in the USA, the concept of the "salad bowl" is used to describe the mix of cultures, living together. This means that everyone is welcome, no matter what their cultural background is and together they form something new. Society as a whole benefits from different cultures and needs them, in the same way that a salad consists of different ingredients.

benefits for a multicultural society:
bilingual speakers, concept of "salad bowl" in USA

When we consider these aspects, we realize that a multicultural background can generally lead to personal growth. Yet this is not an automatic development. Immigrants need to overcome their struggles and find their place in society and only then can they benefit from their bicultural background. However, if the British (or really any) society remembers that their history has its roots in immigration and celebrates their cultural diversity as Benjamin Zephaniah does in the poem "The British", they empower their immigrants to make the best of their heritage and to find their place in their new home. *(640 word)*

conclusion
reference to Benjamin Zephaniah's "The British"

* *The words "Black" and "White" are capitalised to signal that they are not natural categories but social ones (for more background information on this topic see, for example, https://www.theatlantic.com/ideas/archive/2020/06/ time-to-capitalize-black-and-white/613159/).*

Abiturprüfung 2022 Englisch (Hessen)
Leistungskurs

Prüfungsteil 1 (Sprachmittlung) – Vorschlag A: *Alternative concepts of life*

Material: Jobber auf dem großen Treck (2018) von Heike Buchter

Es sind vielleicht zweihundert Zuhörer, die an diesem Januarmorgen auf Campingstühlen ausharren, in der grellen Sonne der Mojave-Wüste. Die Mehrheit ist schon älter, viele haben Gehstöcke bei sich, einige sogar Rollatoren. Sie sind in diese abgelegene Region des Bundesstaates Arizona gekommen, um einem Mann zuzuhören: Bob Wells.

Mit seinem runden Gesicht und dem langen Bart sieht der 62-Jährige aus wie ein sonnenverbrannter Weihnachtsmann. Er ist der Initiator des „Rubber Tramp Rendezvous“, kurz RTR: eines jährlichen Treffens von Menschen, die in mobilen Heimen leben und auf den jeweiligen Stellplätzen arbeiten oder in der Nähe. „Workamping“ nennt sich das auch, also halb arbeiten und halb Camping. Wells ist ein Workamper der ersten Stunde. [...]

Nach wie vor stellen Senioren den größten Anteil an den Workampern. Bei vielen älteren Amerikanern reicht die Altersvorsorge nicht, rund 19 Prozent der über 65-Jährigen arbeiten zumindest in Teilzeit. So viele waren es zuletzt vor der Einführung der staatlichen Renten und Krankenversicherung in den sechziger Jahren. Doch seit der Finanzkrise 2008, als Millionen ihre Jobs und viele dazu noch ihr Heim verloren, stießen immer mehr Jüngere hinzu. Laut dem Magazin *Workamper News* liegt das Durchschnittsalter der modernen Wanderarbeiter inzwischen bei 53 Jahren. [...]

Zehn Tage lang sprechen die RTR-Teilnehmer über Erfahrungen, über Jobs, Campingplätze und Reiserouten. Vieles dreht sich um praktische Belange. Es gibt eine Tauschbörse für Kleidung, Seminare zum Umgang mit Behörden, zum Bau von Solarsystemen, Selbstverteidigungskurse für Frauen. Man redet über Freundschaft und Solidarität – über Armut, Krankheit und Einsamkeit spricht niemand gern. [...]

Für viele Workamper in Not ist der RTR-Organisator Bob Wells eine Anlaufstelle geworden. Lange habe er versucht, Hilfesuchenden aus eigenen Mitteln zu helfen, sagt er. Doch der Bedarf übersteige inzwischen seine Möglichkeiten. Jetzt will er mit Spenden seiner Anhänger eine Art Hilfsmission für „Rubber Tramps“ gründen. Hilfe von staatlicher Seite erwartet er schon lange nicht mehr. Die gescheiterte Gesundheitsreform[1] sei nur das jüngste Beispiel dafür, dass sich die Politik vom Bürger abwende. [...]

Bis zur Krise 2008 gehörte es zum *American dream*, ein eigenes Haus zu besitzen. Die monatliche Kreditrate drückte, aber es war schwer vorstellbar, freiwillig darauf zu verzichten. 2005, auf der Höhe der Immobilienblase, erreichte die Wohnungseigentumsquote in den USA fast 70 Prozent (in Deutschland waren es 52 Prozent). Seitdem ist die Eigentumsquote auf 64 Prozent gesunken, wo sie trotz der wirtschaftlichen Erholung seit Jahren stagniert.

Nach den Gründen für ihren Abschied vom festen Wohnsitz gefragt, rechnen viele Workamper vor, wie viel sie das Wohneigentum gekostet hat. Es ist nicht nur der Kredit.

Um sich ein Eigenheim leisten zu können, ziehen viele in die weitere Umgebung und nehmen lange Fahrten zur Arbeit in Kauf. Durchschnittlich sind amerikanische Pendler heute 30 Minuten lang zwischen Arbeit und Wohnort unterwegs, fast doppelt so lange wie vor 30 Jahren. Außerhalb der Metropolen gibt es so gut wie keinen öffentlichen Nahverkehr, also sind die meisten auf das Auto angewiesen. Das wiederum erhöht die Lebenshaltungskosten.

Am Ende arbeite man nur, um zu wohnen, sagt Justin Burke. Der 32-Jährige will ein solches Dasein vermeiden. Wie sein Vater vor ihm fing er gleich nach der Highschool bei Chrysler an. Zehn Jahre arbeitete er in der Autofabrik. Als zunehmend Jobber angeheuert wurden, die für weniger Lohn arbeiteten, sah Burke keine Zukunft mehr dort. Er kündigte und zog nach Denver, wo er für den Fahrdienst Uber arbeitet.

Er ist zum RTR gekommen, um seine künftige Existenz als Wanderarbeiter vorzubereiten. Burke und die anderen Teilnehmer sind nicht allein mit ihren Zweifeln an den Verheißungen von Besitz und Konsum, nach denen so viele Amerikaner lange strebten. Ihre Antwort – der Verzicht auf einen festen Wohnsitz – ist eine der radikalsten, die es in den USA gibt. „Das hier", sagt Burke und zeigt auf die Wohnwagen, Busse und Transporter, die zwischen den Saguaro-Kakteen stehen, „das hier ist eine Rebellion."

Heike Buchter: Jobber auf dem großen Treck, in: Die Zeit, 01. 03. 2018, URL: https://www.zeit.de/2018/10/mobiles-leben-usa-arbeit-auto-rubber-tramp (abgerufen am 27. 03. 2021).

1 Die im Jahr 2010 unter Präsident Obama eingeführte Krankenversicherungspflicht wurde im Rahmen einer Steuerreform im Jahr 2018 von den Konservativen wieder beendet, was für steigende Versicherungsprämien und weniger Krankenversicherte vor allem unter Geringverdienern sorgte.

Aufgabe

You are participating in an internet project on alternative lifestyles with other European students and you have found a suitable article.

Write an e-mail to your project coordinator (a teacher), outlining the purpose of the RTR meetings and the reasons for "workamping". (Material) (100 BE)

Prüfungsteil 2 (Schreiben) – Vorschlag B 1: *Race, identity and belonging*

Wählen Sie Vorschlag B 1 oder B 2 zur Bearbeitung aus.

Material 1: Afua Hirsch: Brit(ish): On Race, Identity and Belonging (memoir, 2018)

1 I had left Britain to leave being British. I believed that relocating my future to one or more of Africa's many nations would solve the problems of belonging that had nibbled away at me, a mixed-race girl growing up in Britain, for as long as I could remember. I had not meant to come back, not after two years, not ever, but to settle in West Africa for good, and take up my place in the world as a proud African, in places where I thought I would fit in.

Exactly the opposite had happened. Living in Senegal I had discovered, to my endless confusion, how British I was. Returning to London meant the relief of familiarity, of home, but the painful reminder that home was a place that had surveyed me as alien, questioned me about my background, and expected me to provide explanations. Very little, it seemed, had changed. […]

I had brown skin, an African name, hair that coiled tightly, knotted and frizzed when brushed, and never flopped around my face. I shared this with my sister, characteristics we inherited from our mother, who is black and African – from Ghana – and our father, who is white with a mother from Yorkshire and a father who came to Britain as a Jewish German refugee. […]

[E]veryone around us was white. Our neighbours were white. My school friends were white. The history I learned was about white people, the books I read were about white children; Jack and Jill, Peter and Jane – that was what childhood was meant to look like.

I'm not sure how many of my neighbours in Wimbledon, where I still live, would approve of this description. Most of the well-heeled residents of my home suburb prefer to say they do not see race at all. And because race allegedly did not exist, in this all-white world, the whiteness that made me so self-conscious was regarded as completely normal. It was *I* who was at odds with my environment – I did not conform. But, since there was no such thing as race, there was no space in which it could matter.

But it did matter to me. Even before I had a vocabulary to express it, race began to manifest itself in my life. […]

I learned how common my experiences were. And I learned something else, something that over time has come to crystallise the uniquely British problem we have with race and identity. In Britain, we are taught not to see race. We are told that race does not matter. We have convinced ourselves that if we can contort ourselves into a form of blindness, then issues of identity will quietly disappear. My sister and I were no different. My parents were, laudably, concerned with nurturing us with a happy childhood, full of opportunity. Race, heritage and identity did not rank among their priorities for raising their children.

But like the people in my books, being taught not to see race only heightened my sensitivity to the extent of my difference. I didn't find race, race found me; in the playground or the classroom, on the street, in the shops. I already knew that I looked different – kids work that out for themselves – but that there was something bad about my difference, something inherently undesirable about being black: that, I had to be taught.

The first teachers were my peers at school. From the age of seven to the age of eighteen, I went to the same school, where I was one of a minuscule number of children with brown skin. […]

Even when it's quite clear that people around me are conscious that I'm different, because of how I look, I know exactly how to reassure them. I've been conditioned in the art of English manners, politeness, harmless banter and casual charm my whole life; […] you learn to send the subliminal message: don't worry about the fact that I'm black, I won't make you feel uncomfortable. I may be brown, my hair is a texture you don't understand, I have a name you struggle to pronounce, but it's OK – I am completely non-threatening, I am brown, but safe. […]

[My boyfriend] Sam[1] had what I did not: absolutely zero desire to make himself appealing, non-threatening and safe. Sam and his peers spoke their own language, and had their own value system, their own subculture, their own music, their own aesthetic and fashion ideals. It had nothing to do with the white, middle-class world of Wimbledon and beyond, and it wasn't interested in making itself palatable to that world either. From where I was standing, what Sam had was a coherent, multidimensional identity which was unequivocally his. It was black, and it was proud. I dreamed of this certainty, and I was drawn to it, with a gravitational pull. […]

I am the eternal outsider. In Wimbledon, I am the black girl. The more I asserted my black identity, the more of a threat I became to the prevailing order – that race is something unseen, unspoken of and unacknowledged in polite society. In Tottenham, I am the rich girl, who speaks 'like a white person', and has access to privilege and opportunity most people cannot imagine. For years I internalised this as a status that carried with it multiple rejections, because everywhere I went, I was other. But over time, it began to manifest as an opportunity to observe and question our attitudes towards race and identity, driven by a fascination that perhaps only an outsider can have, and, maybe, the ability to see things that only an outsider can see. *(948 words)*

Afua Hirsch: Brit(ish): On Race, Identity and Belonging, London: Jonathan Cape 2018, S. 3–19.

Hinweis: Afua Hirsch (born 1981): British writer and journalist, daughter of a British father and a Ghanaian mother

1 Sam is black, comes from a Ghanaian family and has grown up in Tottenham, a very multicultural borough of London.

Aufgaben

1. Outline the experiences that shape the author's view of her identity. (Material) (30 BE)

2. Relate the author's struggles with her identity to similar experiences dealt with in class, especially referring to the short story "My Son the Fanatic". (40 BE)

3. Choose **one** of the following tasks: (30 BE)

3.1 "Ideally, we would live in a utopian society where there were rainbows and butterflies and skin color was not a factor in our decision-making, but the unfortunate reality is that it is. Racism has not been eradicated but rather has changed and become more covert and insidious."
(Janice Gassam Asare, author, first-generation Cameroonian-American, 2019)

Assess the statement referring to the development of race relations in the US.

or

3.2 "By the end of my childhood, I'd learned that black people were ugly. It took a few more years to learn that we were criminals too. The younger children thought I was the 'scariest' girl in the school. [...] I looked 'scary', because I am black."
(Afua Hirsch, in: Brit(ish): On Race, Identity and Belonging, 2018)

Your school plans a project to support and celebrate diversity and inclusion. To kick off the project, you are supposed to give a speech to your fellow students and the whole school community. Write this speech, also taking Afua Hirsch's statement into account.

Prüfungsteil 2 (Schreiben) – Vorschlag B 2: *Augmentation*

Material: Ted Chiang: The Truth of Fact, The Truth of Feeling (excerpt from the short story, 2019)

The story is set in the near future.

When my daughter Nicole was an infant, I read an essay suggesting that it might no longer be necessary to teach children how to read or write, because speech recognition and synthesis would soon render those abilities superfluous. My wife and I were horrified by the idea, and we resolved that, no matter how sophisticated technology became, our daughter's skills would always rest on the bedrock of traditional literacy.

It turned out that we and the essayist were both half correct: now that she's an adult, Nicole can read as well as I can. But there is a sense in which she has lost the ability to write. She doesn't dictate her messages and ask a virtual secretary to read back to her what she last said, the way that essayist predicted; Nicole subvocalizes, her retinal projector displays the words in her field of vision, and she makes revisions using a combination of gestures and eye movements. For all practical purposes, she can write. But take away the assistive software and give her nothing but a keyboard like the one I remain faithful to, and she'd have difficulty spelling out many of the words in this very sentence. Under those specific circumstances, English becomes a bit like a second language to her, one that she can speak fluently but can only barely write.

It may sound like I'm disappointed in Nicole's intellectual achievements, but that's absolutely not the case. She's smart and dedicated to her job at an art museum when she could be earning more money elsewhere, and I've always been proud of her accomplishments. But there is still the past me who would have been appalled to see his daughter lose her ability to spell, and I can't deny that I am continuous with him.

It's been more [than] thirty years since I read that essay, and in that period our lives have undergone countless changes that I couldn't have predicted. The most catastrophic one was when Nicole's mother, Angela, declared that she deserved a more interesting life than the one we were giving her and spent the next decade crisscrossing the globe. But the changes leading to Nicole's current form of literacy were more ordinary and gradual: a succession of software gadgets that not only promised but in fact delivered utility and convenience, and I didn't object to any of them at the times of their introduction.

So it hasn't been my habit to engage in doomsaying whenever a new product is announced; I've welcomed new technology as much as anyone. But when Whetstone released its new search tool Remem, it raised concerns for me in a way none of its predecessors did.

Millions of people, some my age but most younger, have been keeping lifelogs for years, wearing personal cams that capture continuous video of their entire lives. People consult their lifelogs for a variety of reasons – everything from reliving favorite moments to tracking down the cause of allergic reactions – but only intermittently; no one wants to spend all their time formulating queries and sifting through the results. Lifelogs are the most complete photo album imaginable, but like most photo albums, they lie dormant except on special occasions. Now Whetstone aims to change all of that; they claim Remem's algorithms can search the haystack by the time you've finished saying "needle."

Remem monitors your conversation for references to past events and then displays video of that event in the lower-left comer of your field of vision. If you say "Remember dancing the conga at that wedding?" Remem will bring up the video. If the person you're talking to says "The last time we were at the beach," Remem will bring up the video. And it's not only for use when speaking with someone else; Remem also monitors your subvocalizations. If you read the words "the first Szechuan restaurant I ate at," your vocal cords will move as if you're reading aloud, and Remem will bring up the relevant video.

There's no denying the usefulness of software that can actually answer the question "Where did I put my keys?" But Whetstone is positioning Remem as more than a handy virtual assistant: they want it to take the place of your natural memory. [...]

How will it change a person's conception of herself when she's only seen her past through the unblinking eye of a video camera? Just as there's a feedback loop in softening harsh memories, there's also one at work in the romanticization of childhood memories, and disrupting that process will have consequences.

The earliest birthday I remember is my fourth; I remember blowing out the candles on my cake, the thrill of tearing the wrapping paper off the presents. There's no video of the event, but there are snapshots in the family album, and they are consistent with what I remember. In fact, I suspect I no longer remember the day itself. It's more likely that I manufactured the memory when I was first shown the snapshots, and over time, I've imbued it with the emotion I imagine I felt that day. Little by little, over repeated instances of recall, I've created a happy memory for myself.

Another of my earliest memories is of playing on the living room rug, pushing toy cars around, while my grandmother worked at her sewing machine; she would occasionally turn and smile warmly at me. There are no photos of that moment, so I know the recollection is mine and mine alone. It is a lovely, idyllic memory. Would I want to be presented with actual footage of that afternoon? No; absolutely not. *(933 words)*

Ted Chiang: The Truth of Fact, The Truth of Feeling, in: Ted Chiang: Exhalation, New York: Alfred A. Knopf 2019, S. 185–187, 206–207.

Aufgaben

1. Outline the information on the technology used in the narrator's world. (Material) (30 BE)

2. Analyze how the narrator's attitude towards technology is conveyed. (30 BE)

3. Choose **one** of the following tasks: (40 BE)

3.1 "Millions of people, some my age but most younger, have been keeping lifelogs for years, wearing personal cams that capture continuous video of their entire lives."

Taking Ted Chiang's vision of the future as a starting point, discuss benefits and risks of recording, storing and sharing one's personal data.

or

3.2 For the European Youth Event on digital media, write a speech in which you assess the potential of using technology in education.

Lösungsvorschlag

Prüfungsteil 1 (Sprachmittlung) – Vorschlag A: *Alternative concepts of life*

Teaching modules referred to:
The task refers to the thematic focus Manifestation of individualism (Q 1.3), *in particular the key term* concepts of life.

The email you are required to write is directed to the coordinator of your internet project about alternative lifestyles (formal language). It needs to be in line with the main features of this form of communication: a ***subject line*** *draws the teacher's attention to the purpose and content of your email, followed by an* ***appropriate greeting*** *and a* ***friendly introductory sentence****. Then you should mention the* ***reference to your project*** *and the* ***main points of the online article****. Make sure you end with a friendly* ***sign-off****.*
As the information about the example from the US is conveyed by way of ***mediation****, you are required to adhere to its formal aspects. You need to mention the source of the article and its author and include the purpose of the workampers' meetings and their agenda. Stick to the main statements and omit unnecessary detail such as examples or side issues so that your text is significantly shorter than the original.*
Your text should contain the following information about the workampers' project:
Purpose of the meetings in Arizona:
- *annual meeting of people living in mobile homes, working in or near campsites*
- *sharing camping experiences and travel routes, swapping clothes*
- *tips for finding jobs and installing solar panels, and self-defence classes for women*
- *addressing bureaucratic issues and preparing for this lifestyle*
- *lifestyle as a form of rebellion against social problems*

Reasons for "workamping":
- *senior citizens without an adequate pension, have to work part-time*
- *younger people joined after suffering from unemployment and homelessness in the wake of the 2008 crisis*
- *lost their faith in traditional American values*
- *can't afford their own houses any more due to increasing loans, costs of commuting and cars*
- *radical protest by abandoning permanent housing*

Re: The alternative lifestyle of American workampers — **subject**

Dear Mr Winter, — **greeting**

It is a great pleasure to work on our project on alternative lifestyles and thanks again for coordinating it. — **introductory sentence**

As we are mainly dealing with developments in a European context, I thought you might be interested in an American perspective as well. I found an article about people in mobile homes working in or near their campsites which will probably be useful. The article was published in the German newspaper *Die Zeit* by Heike Buchter. — reference to task and article

main part

purposes of RTR

The author writes about people calling their particular lifestyle "workamping", i. e. half camping, half working. They meet in the Arizonian desert annually in order to share and discuss their camping experiences and travel routes and to find jobs. Another purpose of what they call the "Rubber Tramp Rendevous" – RTR for short – is to swap clothes, get tips on installing solar panels and participate in self-defence classes for women. They also deal with bureaucratic issues and, in general, assist people with preparing for this lifestyle. Donations for workampers in need are collected by RTR organiser Bob Wells, who sees these meetings as a rebellion against the failure of politicians to address social problems like the loss of jobs and homelessness.

reasons for workamping

According to their magazine "Workamper News", the average age of their members nowadays is 53, and these not only consist of senior citizens without adequate pension schemes who have to work part-time, but also of younger people who lost their jobs and sometimes their homes in the wake of the 2008 financial crisis. They have lost their faith in the traditional American promise of property and consumerism; with the combined expenditure on loans, commuting and cars they can no longer afford their own houses, and abandoning their permanent residence can be seen a radical protest against rising living costs.

Yours sincerely, — **sign-off**

Albert

(307 words)

Prüfungsteil 2 (Schreiben) – Vorschlag B 1: *Race, identity and belonging*

Teaching modules referred to:
The assignment relates to the thematic focus Ethnic diversity (Q 2.2), *especially to the key phrase* Great Britain as a multicultural society, *and the reading of* Hanif Kureishi: My Son the Fanatic (Q 2). *The cross-curricular reference is established by the teaching module* The USA – the formation of a nation (Q 1.1), *in particular the key phrase* landmarks of American history, *and specifically* Civil Rights Movement, Black Lives Matter *and* recent political and social developments.

1. *The word "outline" in the task requires you to focus on the main aspects of the memoir without comments or quotations from the given excerpt. In order to provide a shortened version, you need to use strategies of abridging the text and to omit unnecessary details. Begin with an umbrella sentence mentioning the author, text source and type, date of publication and topic.*
   Author's experiences growing up as a mixed-race girl:
   - *at odds with a mainly White * environment which pretends not to see race*
   - *leaves Britain for Africa only to discover how British she is*
   - *returns to Britain, looking for home and familiarity*
   - *disappointed that people still see her as alien, ask questions about where she comes from and demand explanations*
   - *parents provide happy childhood, race and heritage not important*
   - *as Black people are perceived as not only different but "bad", she has learned to put people at ease*
   - *drawn to opposite attitude of boyfriend, who is proud of being Black and not trying to fit in*
   - *in Tottenham she is perceived as being different because of her privilege and the fact that she speaks like a White person*
   - *sees otherness as a chance to develop different perspectives on race and identity*

introductory sentence

In her memoir *Brit(ish): On Race, Identity and Belonging* – published in 2018 – Afua Hirsch discusses her diverse experiences that influence her own view of personal identity.

main part

moves to Senegal

The author, at odds with her mainly White environment, leaves Britain for the West of Africa, only to discover how British she is. Her mixed-race background, with a mother from Ghana and a Yorkshire father with German-Jewish roots, makes her feel alienated in Britain, but in Senegal she does not fit in either.

does not fit in either

returns to London

When she returns to London, she still experiences Britain as a place that conveys to her that she is different. People ask questions about her background and expect explanations. Her parents have given her and her sister a happy childhood, full of opportunities. Race, heritage and identity do not seem important and in her suburb people pretend that race is not an issue. As she has had the experience

upbringing

suburb: people pretend not to see race

that many British people still feel uncomfortable around Black people, she tries to put everybody at ease by practising the typically English manners of being polite, engaging in superficial conversation and reassuring the people around her that her different skin colour is not a threat.

tries to behave in a "non-threatening" way

At the same time, the author is drawn to the completely different attitude of her boyfriend. He lives in a very multicultural borough of London and does not care about other people's opinion of race or family background. He and his peers are proud of being Black and show no interest in making themselves agreeable to the White, middle-class world dominating the author's suburb.

admires boyfriend for being Black and proud

In Tottenham, Afua Hirsch is also perceived as being different because of her privileged upbringing and the fact that she speaks "like a White person".

stands out in Tottenham because of her own privilege

She has decided to make the best of her situation as she believes that the fact that she does not fit into either society offers her the opportunity to see race and identity from the perspective of an outsider. *(321 words)*

not fitting in as an opportunity

2. *In the second assignment you are asked to compare the author's struggles with her identity to similar experiences you have dealt with in class. First, structure appropriate examples in a coherent way and then present your text in a way that contrasts them, backed up by quotations from or references to the given excerpt where possible.*
These aspects could be relevant:
Afua's experiences of otherness and being an outsider:
– *Feeling of not being able to fit into either culture*
– *Young people from a mixed-race background share problems of belonging*
– *Search for identity and parents' role*
– *Opportunity for outsiders to question attitudes towards race and identity*
Relevant stories regarding issues of race, heritage and integration can be found in the following works of literature:
– *"My Son the Fanatic" (short story by Hanif Kureishi): differences and similarities*
  - *both characters (Ali and Afua) try to reconnect with a part of their identity (Afua by moving to West Africa, Ali by turning to Islam)*
  - *Afua learns to accept her Britishness while Ali rejects everything that is connected to Western culture*
– White Teeth *(novel by Zadie Smith): importance of roots and the past as regards identity*
– *"A Pair of Jeans" (short story by Qaisra Shahraz): being torn between two cultures*
– (Un)arranged Marriage *(novel by Bali Rai): rebellion against cultural traditions*

The worst effect of the author's struggle is her feeling of being torn between two different identities without fully belonging to either one or the other. Her initial reaction was to leave Britain and thus

author's struggle with identities

leave being British (cf. l. 1), but this did not resolve her problem. Once in Senegal, which she had thought was a place where she could fit in (cf. ll. 5/6), she found out how British she was (cf. ll. 7/8).

role of parents in search for identity

Afua's problems of belonging are shared by many young people from a mixed-race background, as is shown in literary examples like the novel *(Un)arranged Marriage* by Bali Rai. The overall importance of the role parents play in their children's search for identity should not be underestimated. In Afua's case it did not help that for her parents "[r]ace, heritage and identity did not rank among their priorities" (l. 34) and that in that they went along with the prevailing British attitude, which was "not to see race" and held "that race does not matter" (l. 30). Her experiences in a mainly White community do not convince her that "issues of identity will quietly disappear" (l. 32). She thus has to concede that "I didn't find race, race found me" (l. 36). However, parents' attitudes can also have the opposite effect, as shown in the novel *(Un)arranged Marriage*. Living in Leicester, the teenage boy Manjit is brought up by Pakistani parents who strictly adhere to their traditional values and arrange his marriage to an Indian girl according to their strict customs. He breaks up the wedding party and thus finds his own freedom and identity, but loses his family in the process.

(Un)arranged Marriage by Bali Rai

"My Son the Fanatic" by Hanif Kureishi

In the short story "My Son the Fanatic" by Hanif Kureishi, Ali makes a different choice. The story's third-person perspective – unlike Afua's first-person account – does not allow any insight into Ali's personality. His father Parvez has given up his traditional way of life. This leads to Ali's identity crisis and his problems with British values, and to him rejecting his father's complete assimilation. Here, similarities to Afua's story begin. Ali becomes an outsider; he does not have a balanced view of the advantages and disadvantages of his British environment and his search for identity leads him to connect with the culture of his origins. While Afua tries to reconnect to her Black identity by moving to West Africa, Ali tries to find his Pakistani identity by turning to religion. To the despair of his father, who fears losing him, he begins to pray and starts relying on the Koran. Afua realises how British she is when she is in Senegal. Ali, on the other hand, rejects everything that is British about himself. He leaves his English girlfriend and throws out his Western clothes. Ali does not understand why Parvez loves London and Western civilisation and eventually turns to dedicate his life to the jihad, claiming that he will be rewarded in Paradise.

trying to connect with parent's culture

proud identities

Afua is attracted by people with proud identities; she admires her boyfriend Sam's "zero desire to make himself appealing, non-threatening and safe" (ll. 50/51) and she dreams of this certainty, "drawn to it, with a gravitational pull" (ll. 56/57). Unlike Ali, however, she does not reject her Britishness. While Manjit flees from his family and the cultural and religious path of life they have chosen for him, Afua's identity crisis is not based on cultural differences. She knows that she cannot escape being alienated because of her skin colour, the texture of her hair and her African name, but in the end she accepts her role as an outsider. To make the best of it, she conceives of this as "an opportunity to observe and question our attitudes towards race and identity [...] to see things that only an outsider can see" (ll. 64–66). *(637 words)*

being an outsider as an opportunity to observe

3.1 *In this assignment you are required to evaluate and comment on the statement of a Cameroonian American about her utopian hopes and pessimistic assessment of race relations in the United States. You should first explain in full what her quote means, analyse the significance of the symbols she uses, like "rainbows and butterflies", and compare her perception with the development of the Civil Rights Movement and the current American situation. You will need to finish with a convincing comment about the status of race relations in American society.*

You might mention the following points:

- *this statement describes a world in which skin colour does not matter as being an unlikely scenario that is far from our actual reality*
- *historical expectations of equality and freedom vs. persisting racism and discrimination*
- *recent American history shows significant changes starting with the Civil Rights Movement in the 1950s:*
  - *successful protests against racial segregation in buses and schools*
  - *leading role of Martin Luther King*
  - *Voting Rights Act passed in 1965*
- *racial divide continues:*
  - *police brutality*
  - *racial profiling*
  - *Black Lives Matter Movement*
  - *unconscious bias*

introduction
reference to quote

In her statement referring to current race relations in the US, Janice Gassam Asare claims that a world where racism has been overcome is a "utopian society" and has nothing to do with the reality in the US.

main part
explanation of quote

As a Cameroonian American, she speaks from her own experiences. In spite of the changes the Civil Rights Movement has brought, racial origin and skin colour still matter and the fight is not over. Racism is simply less overt and therefore even more "insidious". Gassam Asare uses a cartoonish world where there are "rainbows and butterflies" to symbolise how far from reality a

symbolism

world without racism seems today, as the scenario does not seem realistic to her at all.

If we look at the past, race relations have undergone significant changes in recent American history, mainly influenced by the Civil Rights Movement starting in the 1950s. At its very beginnings stands an incident where Rosa Parks refused to give her seat to a White passenger on the bus. She was arrested and sent to jail. In this context, Montgomery's Black leaders organised a protest against racial segregation with Baptist minister Martin Luther King Jr. as their leader. The Montgomery Bus Boycott lasted more than a year and only ended when the US Supreme Court ruled that segregation on buses was unconstitutional.

history of race relations starting with Civil Rights Movement

Montgomery Bus Boycott

The national campaign by African Americans was continued in the 1960s, and the Supreme Court endorsed the ban on segregation in all interstate travel and public schools. Nevertheless, large parts of the population were overtly racist. Black students in a White college were perceived as a threat to the community and none other than Governor George Wallace personally tried to hinder Black students from entering the Alabama University for registration as late as 1963.

segregation in public schools

It was in the same year that King's famous speech "I have a dream" touched people's hearts, not only their minds. He expressed his hope that African Americans would overcome their plight and that their children would not suffer injustice, prejudice or discrimination any longer. One year later, King was awarded the Nobel Peace Prize. The demand for equality remained the leading idea of the Civil Rights Movement.

"I have a dream" speech

In the following year, King fought for the right of Black people to register to vote. He achieved his goal in the end and President Lyndon B. Johnson finally signed the Voting Rights Act in 1965, guaranteeing equal voting rights for all African Americans.

Voting Rights Act

However, the racial divide is still obvious in the US and it shows its face to the most extreme extent in the overt brutality of White police officers against BIPOC. One case in point is racial profiling: police mainly target Black people or people of colour in poor neighbourhoods. As a result, the number of Black men and women in jail is still disproportionately high and in many cases Black people suffer from excessive force being used against them by White police officers. In several cases Black people have been shot to death by police officers for minor offences. As a result the Black Lives Matter movement was formed in 2013. While many of these cases have been brought to court in the meantime, many Black people and people of colour still fear the police in the US – with good reason.

police brutality

racial profiling

Black Lives Matter

Some aspects of racism that people experience today are less overt. Black people suffer from the pay gap more often, they experience disadvantages regarding promotion, and their social status is often lower. In these cases it is often difficult to prove that racism is the cause. Sometimes the people who discriminate them are not even aware that their decisions are based on false presumptions. This phenomenon is called "unconscious bias" and has become an important aspect of research on racism today.

promotion and social status

unconscious bias

While the Civil Rights Movement shows that change is possible and that equal rights are worth fighting for, many issues are yet to be solved. To achieve a truly egalitarian society, it is not enough to overcome injustice in legislation – we have to change people's hearts and minds, too. The first step in this direction is to acknowledge that racism still prevails, as we can only change what we see.

conclusion

(697 words)

3.2 *The preparation for your school project "Celebrating Diversity and Inclusion" after the summer break involves various steps, triggered off by a speech you are asked to deliver in front of your school community. Before writing, consider the specific text format required: greeting your audience and addressing your motivation for the speech, mentioning the main aims and objectives of the project and concluding with an outlook for further activities. You should include rhetorical devices such as informative, appellative and persuasive language and could also refer to the intimidating experience of Afua Hirsch.*

Possible aspects:

- *new school project on diversity and inclusion*
- *speaker of the preparation committee*
- *experiences of "funny" questions about origin and appearance*
- *reference to Afua Hirsch*
- *project at the right time: emigration from Ukraine, welcome courses, inclusion in school community*
- *intercultural learning and new experiences*
- *reasons for emigration*
- *flipped classroom and international week with music and literature*

Students, teachers, parents and alumni,

salutation

Thanks for inviting me to help start off our new school project CDI – **C**elebrating **D**iversity and **I**nclusion –, which will commence after the summer break and hopefully involve as many members of our school community as possible.

introduction

I was called upon as the speaker of the preparation committee for a couple of reasons. For starters, and as you all know, I am a second-generation Turkish immigrant. As such, I have often encountered strange questions, such as where I *really* come from,

main part

personal experience of being different

why I can speak my language so fluently and why I'm wearing a headscarf. Sometimes I have the feeling that my ethnic origins and outer appearance seem threatening to other people and that is why I wholeheartedly embraced the opportunity to become a committee member. I also wrote a review in our school magazine on Afua Hirsch's memoir *On Race, Identity and Belonging,* in which she describes how it felt to be considered the "scariest girl" in her school simply because she was Black. Because she was so young she did not understand the racist stereotypes yet, but she could feel that other children thought she was ugly and that she was treated like a criminal when she grew up. To prevent children from having to go through similar experiences, we have decided to celebrate diversity in this new project!

reference to quote

I would like to present some arguments to underline why this project comes at exactly the right time and is absolutely necessary, especially in the light of the Russian attack on the Ukraine and the ensuing wave of emigrants. We also have a special class in our school to accommodate these boys and girls and need to make sure that they feel completely included in our school community.

immigrants from Ukraine

Let me focus on the obvious: it's not only that our immediate help is necessary in this particular situation, but that diversity in itself is a good thing. It helps foster intercultural learning, enriches our welcoming culture and opens us up to new experiences.

diversity important for intercultural learning

For our project, this means that over the next few weeks team building is required. Our teachers will try to contact experts from different countries to tell us about their cultures and we can all invite members of our wider community who have experience with migration and integration. In teams we will learn more about why people choose to leave their homes and build new lives, about what dangers they encounter on the way and about what we as individuals, but also as a community, as a country and as part of Europe, have to do to protect lives and make integration possible.

working in teams: understanding immigration

In a flipped classroom we will then prepare presentations in and outside school and evaluate our findings in each classroom plenary session. From there we can take further steps, such as asking our maths teachers or statisticians to provide an overview of the proportion of different ethnic origins in our school community at the moment and preparing an international week of diversity with music and literature readings from the different corners of the world that are represented at our school.

presenting results

evaluating diversity at school

celebrating different cultures

Let me close with an outlook that's on a more personal note. We all need to become aware of our own prejudices and stereotypes that hinder genuine inclusion and, more often than not, lead to critical incidents like those I experienced when people laughed at my

start with yourself

headscarf or even called me a terrorist. We all have to learn to appreciate our differences and learn more about what we have in common.

I invite all of you to get involved in our project, and thank you for listening. *(608 words)*

closing remark

Prüfungsteil 2 (Schreiben) – Vorschlag B 2: *Augmentation*

Teaching modules referred to:
The assignment relates to the topic area Modelling the future (Q 3.2), *especially the key words* science and technology, *and in particular* electronic media *and* possibilities and responsibilities. *The cross-curricular reference is established by the first part of the exam (mediation).*

1. *In your outline you need to concentrate on the main aspects of the new futuristic technology described in the text. Avoid quotations and close reference to the excerpt of the short story. Your introductory sentence should mention the author, title of the story, source of publication and the topic concerned. In order to provide a shortened version of the original, you need to omit unnecessary details or examples and use abridgement techniques.*
   The following aspects are important:
   - *new technology: software that creates texts from silently formed words (subvocalisation); words are projected within the eye via a retinal projector*
   - *body-worn cameras have been videotaping people's lives in so-called lifelogs for years*
   - *Remem is a new search engine for lifelogs*
   - *activates photographic memory*
   - *uses speech recognition (subvocalisation) to show events from the past*
   - *available for a number of purposes*
   - *possibly influences people's identity in a negative sense*

introductory sentence

Ted Chiang's story "The Truth of Fact, The Truth of Feeling", published in New York in 2019, presents a futuristic view of a technology which uses software that turns words in a user's mind into written text and brings up videos from people's memories.

main part

virtual secretary controlled via subvocalisation of words

The narrator observes how both he and his daughter are affected by new, supposedly innovative technologies. At the core of this is a software which transforms thoughts into speech and writing. Therefore, it is no longer necessary to teach children how to read and write. Assistive software has replaced the need to dictate messages or write them down; instead texts are generated by silently formed (subvocalised) words being caught and displayed on a retinal projector. The text can furthermore be edited by gestures and eye movements. As a result, children are barely able to write anymore and have lost their ability to spell. The reliance on digital technology, in the narrator's view, not only means a loss of traditional skills but also makes people dependent on special devices and related software.

Another development is so-called lifelogs, which contain personal records of people's daily lives that can be employed for a number of purposes. The videos are captured by a wearable camera. There is the practical side to this, in that you can find your lost keys, but in these lifelogs you can also recapture favourite experiences like birthday parties or fond memories of childhood or interactions with relatives; even health issues can be addressed.

lifelogs and body-worn cameras

The Whetstone company has developed a new search engine enabling and encouraging people to get involved in lifelogs. This is made possible by "Remem" which uses subvocalisation to search for people's memories and suggests videos to replay the memories. However, Remem also replaces people's natural memory, which might lead to ways of remembering that are emotionless. People's identity is influenced to a degree that they might lose romantic and beloved memories altogether. *(320 words)*

"Remem" used to search memories

2. *The second assignment requires an analysis that covers the way the author conveys the narrator's attitude towards (futuristic) technology. Focus on the stylistic devices. The results of your analysis need to be structured and presented in a coherent way, backed up by appropriate quotations.*

General attitude towards modern technology:

- *narrator not hostile to modern technology but shocked by some consequences*
- *traditional literacy in danger of being lost (his daughter as an example: limited writing capabilities observed)*
- *ambivalent attitude, difference between past and present*
- *in favour of useful technology*
- *averse to developments gone too far*
- *criticism of the search engine's impact on people's daily lives*

Stylistic devices used to express it:

- *positive and negative connotations*
- *repetition*
- *imagery, metaphors, proverbs and comparison*
- *rhetorical question*

The narrator tries to create an image of himself which is not consistent with what we learn about him. **introduction**

Basically, he emphasises that he is not hostile to modern developments and points out that he has "welcomed new technology as much as anyone" (l. 29). At the same time, however, he admits to being "horrified" (l. 3) by the prospect mentioned in an essay he read when he was younger that children might no longer have to be taught how to read or write and that traditional literacy might be lost (cf. ll. 1–5). He uses the example of his daughter and her professional development to underline his arguments and to show how this technology actually developed. On the one hand, she is completely capable of fulfilling the requirements of her job at an art museum, and the narrator acknowledges the smart and dedicated way in which she works. On the other hand, however, her capacity for writing texts by herself without using technology seem limited (cf. ll. 7/8). While the narrator claims not to be "disappointed" (l. 16), he creates the image of a "past me who would have been appalled to see his daughter lose her ability to spell" (ll. 19/20) and concedes that he is actually "continuous with him" (l. 20). **main part** skepticism towards new ways of writing; daughter as example; image

His ambivalent attitude towards technical innovations becomes even more obvious when he distinguishes between his past and present views. Initially, he did not object to "software gadgets that not only promised but in fact delivered utility and convenience" (ll. 26/27) and he did not make a habit of "doomsaying" (l. 28). He compares the lifelogs made with the help of body-worn cameras to the "most complete photo album imaginable" (l. 37). They are comparable to something that existed before and do not seem frightening to him. However, when Whetstone released a new search tool which enables people to search their personal lifelogs and replay every moment in their lives (cf. ll. 38–46), it raised his concerns like no other (cf. ll. 30/31). To describe how fast the software works he refers to the proverbial needle in the haystack (cf. l. 39). He thinks that the development has gone too far as he fears that this technology "will have consequences" (l. 53) for the way we see ourselves, as people would abandon their "natural memory" (l. 49). Our brains have the ability to "soften[] harsh memories" (ll. 51/52). If we stop "the romanticization of childhood memories" (l. 52), we will not be the same anymore. To describe the positive aspects of our brain with regard to our memories he uses further positive phrases like "happy memory" (l. 60) and "lovely, idyllic memory" (l. 64). He uses repetition, as in "mine and mine alone" (l. 64), to emphasise what would be lost as a result of the strong impact the "Remem" software has on its users. In the end, referring to one of his own childhood memories, he concludes with the rhetorical question "Would I want to be presented with actual footage of that ambivalent attitude; comparison; proverb; technology has gone too far; words with positive connotations; repetition; rhetorical question afternoon?" (ll. 64/65) – a question which he immediately answers with the strong negation "No; absolutely not." (l. 65)

conclusion

All in all, you could say that while the narrator likes the idea of being open towards new technology, he actually fears the impact it will have on our lives and identity. *(564 words)*

3.1 *In this task you have to discuss the consequences of recording, storing and sharing personal data. The statement from Ted Chiang's short story about a futuristic society in which people keep track of their lives by using body-worn cameras and lifelogs will be used as a starting point. Therefore, you can begin by explaining the meaning of the technology he describes in the context of the technology we already have and then go through the risks and benefits of digitising your life in general. As a literary reference you might use Dave Eggers' recent dystopian novel* The Every. *You should provide a reasoned conclusion at the end of your answer.*

The following points are worth mentioning:

Advantages:

- *Many applications and gadgets that use and store our personal data are very useful.*
- *Social networks are important for connecting and making communication easier and faster.*

Dangers and downsides:

- *Most platforms and applications are vulnerable to cyber attacks.*
- *We often share sensitive information about ourselves that makes us vulnerable to attack.*
- *Not every piece of information about us is worth collecting or sharing.*

introduction

reference to quote

In his story "The Truth of Fact, The Truth of Feeling", Ted Chiang imagines a future in which people – mostly younger ones – record every aspect of their lives and store the continuous videos in so-called "lifelogs". There is no doubt that the technical requirements for this kind of recording, storing and sharing of one's personal data are already available. However, our experience with managing our data online is already fraught with possible danger – even without our whole lives being recorded.

main part

gadgets and applications that store and collect data can be useful

At first glance, the advantages of a digitised life with Alexa everywhere and robotic household gadgets that collect our data and manage our lives seem to outweigh the possible risks. We use our fitness trackers to live more healthily, our music apps know what music we might like and the cloud offers us seemingly endless data space for our pictures and videos.

positive outcomes of sharing information on social networks

Additionally, every second person in the world uses social media. Thousands of influencers use the channels of social networks, and digital market freelancers create huge incomes for themselves. Social media are not only about commerce and profit, however. Apart from the widespread use of entertainment, they offer possibilities for sharing and supporting noble causes and practices. Interactive technologies enable people to network with others who share similar interests. By reaching larger audiences, governments from direct communication with citizens, which is useful in times of pandemics or other disasters.

There are, however, serious downsides as well. The leading networks like Facebook, Twitter, YouTube, WhatsApp, Instagram and even LinkedIn, to name but a few, have billions of users. Quite a few of them have become aware of the abuse of their data and security issues. Our data is only as secure as the network that stores it. security issues of platforms used

Sharing personal information on social networks or in other applications may be particularly dangerous if the information we share puts us at risk in some way. One recent example that alarmed feminists around the world is period trackers. In 2022, many states in the US changed their abortion laws – some to the extent that you have to go to jail if you undergo an abortion. In this context, experts began to warn women that they should be careful which period trackers they used, as these apps track sensitive information that should not get into the wrong hands. sensitive information should not be shared

The dystopian novel *The Every* by Dave Eggers (2021) shows another argument against recording and sharing our everyday lives. Delaney, the main character, has bought and begun to wear a personal camera, but to her surprise the experience has been distinctly "underwhelming". What strikes her most is the growing feeling that her life is generally unremarkable and unwatchable. While remembering and sharing important moments in our lives can make us feel happy and bring us closer together, our everyday lives are maybe just not interesting enough to be worth recording. not all information is worth collecting or sharing

While many applications that track and store our lives are very useful, pertinent training in digital competence is urgently advisable to enable people to use them within certain limits so that they do not fall victim to fraud or scams on platforms and so that governments, companies and other groups do not become too powerful when it comes to tracking and controlling our lives. *(538 words)* **conclusion**

3.2 *In writing your address to the European Youth Event you will have to consider the conventions of speech writing first: greeting and connecting with the audience, talking about your own involvement, explaining your arguments and coming to a conclusion. Appropriate rhetorical devices should be used in your speech and you can draw on classroom experience as well as literary examples. You should evaluate the potential of implementing digital technology in education and differentiate between benefits and limitations.*

Possible aspects are:
- *personal experiences, particularly during COVID-19 pandemic*
- *learning management systems lead to better classroom results and learning success*
- *limiting factors: distraction, blocking face-to-face communication; note-taking and reading literature without digital devices can deepen learning effect*
- *balanced use of technological and traditional tools, digital literacy required*

Fellow students and friends at the European Youth Event 2022, — **salutation**

Thank you for inviting me to this year's conference as your keynote speaker. Our motto, as you know, is "The Progress of Digitisation – Gains and Losses", and I will be addressing this in my speech. — **introduction**

Like most of you, I am at a key point in my education at the moment. I have spent the last two years preparing for my final exams at school and, like many of you, had to cope with the changing circumstances involved with studying during a pandemic. Without any preparation, we found the majority of our learning happening online, and suddenly had to rely completely on technology. — own involvement in topic

If you had asked me before, I would have found the idea brilliant. We live in a digitised world and the potential of technology for improving our individual learning processes is huge. However, my experience over the last two years has proven to me that there are limits to that, and that we have to come prepared to unlock the true potential of using technology in education. — **main topic of the speech**

It is a well-known fact that digital tools provide better results in the classroom and more successful learning outcomes than traditional means of instruction. They enhance student motivation, enable different approaches to some issues and amplify and complement communication and intercultural learning. So that we can communicate in class, track progress and share material, a multitude of different learning management systems have entered the market. That was a necessary process. At the beginning of the pandemic, the different tools that had to be used – many of them outdated – made learning on the same level almost impossible for different students and in different classes. Although some teachers still struggle with the technical details, the learning management system that has been introduced at our school made it much easier for students, teachers and parents to keep track of our learning process. — digital tools provide better learning results

These learning management systems are increasingly being used in state schools. They offer e-learning tools, calendars and gradebooks as well as plug-ins to allow particular sites to be extended. The advantages of these software formats are their multimodality in integrating different media and being adaptable to students' learning progress. Students' work can be documented and teachers can monitor their students' progress and then decide whether to feed back or feed forward. During the COVID-19 pandemic, video — the possibilities modern learning management systems offer chats were increasingly made available and external offers by Teams, Skype or Zoom could be used.

importance of social learning

However, there are some limiting factors. One major problem is the distraction offered by the digital world. Unlimited access to the internet offers unlimited access to activities that are not part of our curriculum. We all know how easy it is to get lost on social networks or to get stuck in online games and how hard it is to focus on the work we have to do, particularly if it's not our favourite field of interest.

limiting factors: distraction

Another problem is that digital tools used in education are not a universal remedy for all learning difficulties or the "magic bullet" for students' lack of success. I'd like to give you three examples:

Firstly, for many of us social interaction can be an important part of our learning progress. Digital learning sometimes blocks face-to-face communication.

Secondly, taking notes by hand can improve our learning outcome compared to only collecting information digitally, as the actual process of writing things down helps us store them in our long-term memory.

writing down things helps learning process

Thirdly, studies show that reading coherent texts, especially literary ones, on paper offers a deeper understanding of their multiple layers of meaning.

reading texts on paper offers deeper understanding

So, that means that apart from a critical analysis and practical experience, there needs to be a balance between hands-on-activities and digital learning opportunities.

conclusion

Thank you very much for listening. *(628 words)*

thank you

* *The words "Black" and "White" are capitalised to signal that they are not natural categories but social ones (for more background information on this topic see, for example https://www.theatlantic.com/ideas/archive/2020/06/time-to-capitalize-blackand-white/613159/).*

Abiturprüfung 2023 Englisch (Hessen)
Grundkurs

Prüfungsteil 1 (Sprachmittlung) – Vorschlag A: *Youth and science*

Material: Jugend forscht: Einzigartiges Netzwerk zur Talentförderung mit herausragender Erfolgsbilanz

„Sputnik-Schock“[1] und „Bildungsnotstand“: Schon in den 60er Jahren des vergangenen Jahrhunderts stand das deutsche Bildungssystem in der Kritik. Der damalige stern-Chefredakteur Henri Nannen jedoch ließ es nicht bei journalistischen Schlagworten bewenden. Er startete eine gesellschaftlich breit angelegte Initiative, um den qualifizierten Nachwuchs an jungen Wissenschaftlerinnen und Wissenschaftlern in der Bundesrepublik Deutschland zu fördern. Unter dem Motto „Wir suchen die Forscher von morgen!“ rief Nannen im Dezember 1965 erstmals zur Teilnahme an „Jugend forscht“ auf.

Das Vorbild für „Jugend forscht“ kam aus den USA. Dort hatten „Science Fairs“ bereits eine lange Tradition: Bei den im Stil von Messen organisierten Wettbewerben stellten junge Menschen ihre Forschungsprojekte und Erfindungen neben einer fachkundigen Jury auch der breiten Öffentlichkeit vor.

Für die Idee, „Science Fairs“ auch in der Bundesrepublik durchzuführen, fand Nannen auf Anhieb tatkräftige Unterstützung. Mehrere große Unternehmen übernahmen Patenschaften für die Wettbewerbe in den einzelnen Bundesländern. Heute wie damals richten die Partner die Wettbewerbe aus, stiften Preise und fördern weitere Aktivitäten wie etwa Ehemaligentreffen. Seit über fünf Jahrzehnten ist dieses Konzept ein zentrales Erfolgsrezept des Wettbewerbs. Mittlerweile unterstützen rund 250 Partner „Jugend forscht“ mit einer jährlichen Summe von rund 9 Millionen Euro. […]

1990 stellte die deutsche Wiedervereinigung auch „Jugend forscht“ vor eine große Herausforderung. Binnen kurzer Zeit musste die Infrastruktur des Wettbewerbs auch in den neuen Ländern aufgebaut werden. Trotz anfänglicher Schwierigkeiten, Patenunternehmen zu finden, stand die Organisation in wenigen Monaten. Bereits im März 1991 wurden in den fünf neuen Ländern Landeswettbewerbe ausgetragen; zwei Monate später fand der erste gesamtdeutsche Bundeswettbewerb statt.

Die zunächst eingeführte Bewertung der Teilnehmerinnen und Teilnehmer nach Geschlecht bzw. Zugehörigkeit zu einer Gruppe wurde bereits 1967 zugunsten verschiedener Fachgebiete aufgegeben. Zunächst standen die klassischen Schul- und Studienfächer Biologie, Chemie, Mathematik und Physik zur Wahl. 1968 kam das Fachgebiet Technik hinzu, ein Jahr später Geo- und Raumwissenschaften sowie 1975 Arbeitswelt. Dieses Fachgebiet sollte vor allem junge Auszubildende in stärkerem Maße für den Wettbewerb gewinnen.

Sehr bald stellte sich auch heraus, dass man für die zahlreichen Mädchen und Jungen der unteren Jahrgangsstufen eine eigenständige Sparte innerhalb des Wettbewerbs benötigte. Seit 1969 gibt es daher neben „Jugend forscht“ auch die Juniorensparte „Schüler experimentieren“ für alle Teilnehmer bis 14 Jahre.

In den zurückliegenden 50 Jahren waren „Jugend forscht"-Projekte immer auch ein Spiegelbild der sich wandelnden Fragestellungen in der naturwissenschaftlich-technischen Forschung: So überzeugte der erste Bundessieger 1966 die Jury mit seiner Entwicklung eines elektronischen Rechenapparats. Knapp 50 Jahre später waren zwei Bundessieger mit einem selbst konstruierten 3-D-Rotationsdrucker erfolgreich. […]

Der Bundespräsident begleitet den Wettbewerb seit 1977 als Schirmherr und Preisstifter. Eine Preisstifterin mit Tradition ist auch die Bundeskanzlerin[2], einer ihrer Vorgänger lobte 1971 zum ersten Mal den Preis für die originellste Arbeit aus. Seit 1981 reisen neben dem Gewinner dieses Sonderpreises auch alle Platzierten des Bundeswettbewerbs zum Kanzlerempfang in die deutsche Hauptstadt. […]

„Jugend forscht" ist ein äußerst wirksames Instrument zur Talentförderung. Neun von zehn erfolgreichen Wettbewerbsteilnehmenden studieren später ein naturwissenschaftlich-technisches, mathematisches oder medizinisches Fach. Im Anschluss an das Studium ist etwa die Hälfte der ehemaligen Bundessiegerinnen und Bundessieger im Bereich Forschung und Entwicklung an Hochschulen, außeruniversitären Forschungseinrichtungen oder in Unternehmen tätig. Für eine ganze Reihe wissenschaftlicher Karrieren war „Jugend forscht" der Ausgangspunkt. Dies gilt etwa für die Physik-Professorin und Leibniz-Preisträgerin Gisela Anton, den SUN-Microsystems-Gründer Andreas von Bechtolsheim oder den Vater der Pisa-Studie Andreas Schleicher.

Die seit Jahren steigenden Anmeldezahlen bei „Jugend forscht" beweisen, dass es trotz der weiterhin bestehenden Kritik am deutschen Bildungssystem möglich ist, junge Menschen für Naturwissenschaften zu begeistern.

Stiftung Jugend forscht e.V. (Hg.) (ohne Datum): Historie: Einzigartiges Netzwerk zur Talentförderung mit herausragender Erfolgsbilanz, in: Stiftung Jugend forscht e.V., URL: https://www.jugend-forscht.de/stiftung-jugend-forscht-e-v/historie.html

1 Sputnik-Schock – die politischen und gesellschaftlichen Reaktionen in der westlichen Welt auf den Start des ersten künstlichen Erdsatelliten Sputnik im Oktober 1957 durch die Sowjetunion

2 Zum Zeitpunkt der Veröffentlichung führte noch Angela Merkel die Bundesregierung an.

Aufgabe

Your school is taking part in an international project promoting scientific research activities for students. Participants are asked to introduce an example of a science talent competition.

Write an internet article for the project website, outlining the development and the goals of "Jugend forscht". (Material) (100 BE)

Prüfungsteil 2 (Schreiben) – Vorschlag B 1: *Empire and identity*

Wählen Sie Vorschlag B 1 oder B 2 zur Bearbeitung aus.

Dieser Vorschlag bezieht sich auf Hanif Kureishi: „My Son the Fanatic“.

Material 1: Avani Lal: Violent legacy of Empire forces British Asians into an identity dilemma (2019)

Last month, the 100-year anniversary of the Jallianwala Bagh massacre in Punjab, north India, reignited[1] the bitter debate about Britain's colonial legacy and its responsibility to apologise for past atrocities. Now that the centenary has been and gone, we must remember the struggle for adequate recognition for colonial atrocities is an ongoing and pressing concern.

On April 13 1919, Indian soldiers under the command of the British General Reginald Dyer shot and killed at least 379 colonial subjects[2] who had gathered on the Sikh[3] and Hindu religious festival of Vaisakhi. Britain has not apologised for this atrocity.

This issue dominated conversations around the centenary this year and was a prominent topic in a television documentary marking the anniversary of the massacre. In the documentary, one of Gen[eral] Dyer's descendants showed admiration for their ancestor, angering many viewers. Since then, a letter has circulated on social media from another of the Dyer family to the journalist Sathnam Sanghera, who presented the programme, offering a private apology.

As a young British woman with Punjabi heritage, remembering the massacre and confronting the lack of an apology raised a conflict for me. It was Indian troops – my ancestors – shooting their own, but at the command of a nation that I now identify with. The centenary made me realise that this 100-year-old violence forces me, and other ethnic minority citizens of former colonial powers, into an identity conflict today.

While Mr Sanghera's documentary managed to educate many British viewers on this significant historical event, some noted that the film was more of a journey of self-discovery than a historical piece, and some criticised the film for granting disproportionate airtime to Gen[eral] Dyer's family. Critics also highlighted Mr Sanghera's westernised pronunciation – even of his own name.

All this, they argued, was evidence of a colonised mind – an outlook where any feelings of cultural inferiority, a legacy of the Empire era, have been internalised[4].

Some Punjabi friends accuse me of the same thing: I pronounce my name "A-var-née", they argue it should be "Uhv-uh-nee". In identifying with this "colonised" pronunciation, I sometimes feel like a traitor to my heritage, to my own British Asian community and to the ongoing process of decolonizing our intellectual, social and political worlds. While a reasonable discussion about language should be welcomed, (perhaps Mr Sanghera should have said "Gurdwara[5]" not "Sikh Temple", for example), making individuals feel like outsiders to their own community should not. My heritage is Punjabi and I am proud of this. Yet, because of how I say my name, some claim that I am not Punjabi enough.

For others, I am not British enough either – whatever that means. While at school, I vividly remember being instructed by teachers to explain the Hindu festival of Diwali to my majority-white classmates. This well-intentioned but clumsy move forced me to confront my "otherness" before I was even aware of it. Recently, on a bus, I was told to "go back to where I came from".

Remembering the massacre has forced me to recognise this struggle between the different aspects of my identity.

Something must change. Britain must own[6] its past, good and bad, and understand how that shapes its present and future. Perhaps an apology would be a step towards this. An apology is not about holding British people today literally responsible for the acts of some in the past. When Britain is having to redefine itself, an apology would signal that the British government takes its history, and its moral responsibility to prevent similar future atrocities, seriously.

Rather than glorifying Empire, British schools need to talk about it openly, truthfully and with genuine remorse for events like the Jallianwala Bagh massacre. According to YouGov's[7] 2016 poll, about 44 per cent of UK citizens are proud of Britain's colonial history. But we all need to understand this period of global history better – such an education might help millions of ethnic minority Brits more peacefully reconcile different aspects of their identities.

Finally, the many and varied British Asian communities in the UK, like many other ethnic minority communities, need to accept that individuals will interact with our shared heritage differently and to view this without judgment. Embracing diverse points of view will continue to strengthen our already strong and warm communities.

These changes will not miraculously put an end to the internal conflict I find myself in. However, they may help me peacefully attempt to reconcile the different parts of my identity [...].

In the meantime, please call me "A-var-née" because that feels right for this British Asian. *(757 words)*

Source: Avani Lal, Violent legacy of Empire forces British Asians into an identity dilemma, FT.com, 23.05.2019. Used under licence from the Financial Times. All Rights Reserved.

1 to reignite – to make something start burning again; *here:* to reopen the discussion
2 subject – a person who belongs to a country with a monarch as head of state
3 Sikh – a northern Indian religion or religious group that is separate from Hinduism and Islam
4 internalised – made part of what someone thinks
5 Gurdwara – Sikh word for a place of worship
6 to own – *here:* to accept and be responsible for something
7 YouGov – data company that carries out surveys of public opinion

Hinweis: The writer is a student at St Hugh's College, Oxford. She is studying for a Master of Philosophy in political theory.

Material 2

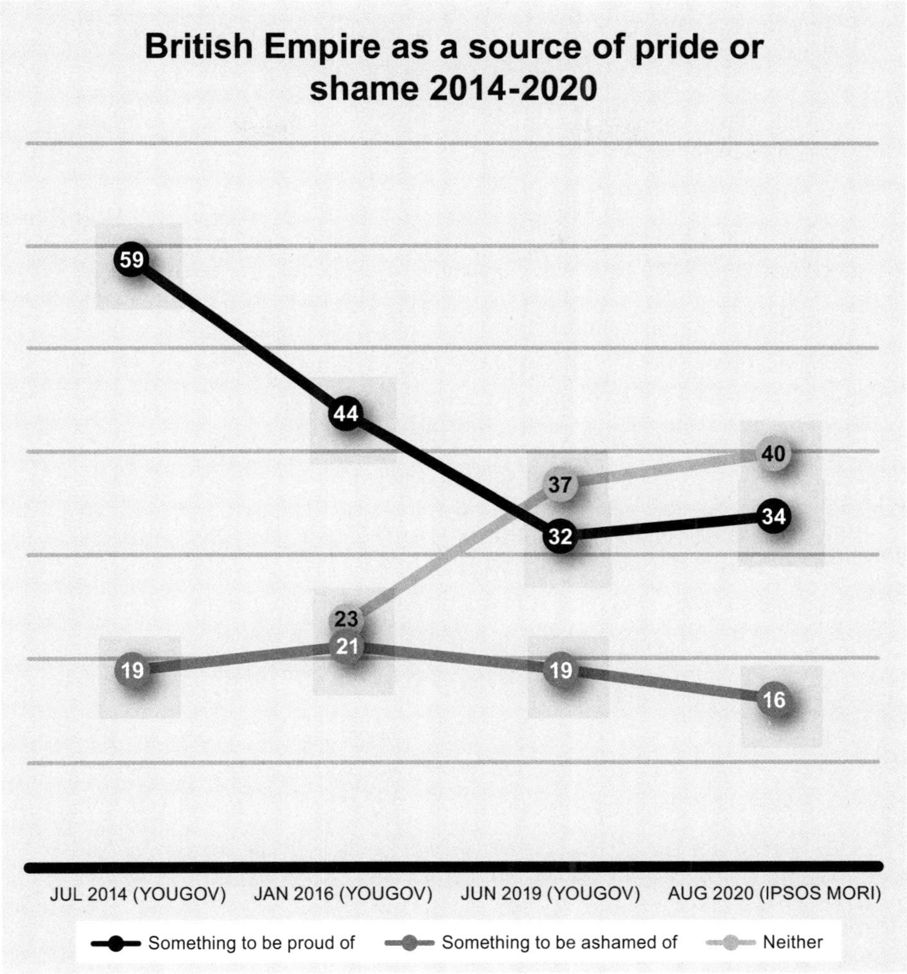

Dr. Andrew Defty, https://whorunsbritain.blogs.lincoln.ac.uk/2021/03/08/are-attitudes-towards-the-empire-changing/

Hinweise

Similar to YouGov, Ipsos MORI is a market research company that carries out surveys of public opinion. Numbers in percent.

Aufgaben

1. Outline the older and more recent factors that have shaped the author's identity. (Material 1) (30 BE)

2. Relate the author's sense of her identity to that of different characters in the short story "My Son the Fanatic", taking attitudes towards being British and experiences as immigrants into account. (40 BE)

3. Choose <u>one</u> of the following tasks: (30 BE)

3.1 "An apology is not about holding British people today literally responsible for the acts of some in the past. When Britain is having to redefine itself, an apology would signal that the British government takes its history, and its moral responsibility to prevent similar future atrocities, seriously." (Material 1)

Taking the quotation as a starting point, assess the importance of an official government apology regarding colonial acts (like the Jallianwala Bagh massacre) for a contemporary definition of British identity.

or

3.2 As a student spending a semester abroad at a British university, you take part in an online discussion about the British Empire sponsored by the University of Exeter's Centre for Imperial Global History.

Taking the statistics (Material 2) into account, write a blog entry discussing whether the British Empire should be a source of pride or shame.

Prüfungsteil 2 (Schreiben) – Vorschlag B 2: *People of color*

Material: Toni Morrison: Sweetness (excerpt from a novel, 2015)

It's not my fault. So you can't blame me. I didn't do it and have no idea how it happened. It didn't take more than an hour after they pulled her out from between my legs to realize something was wrong. Really wrong. She was so black she scared me. Midnight black, Sudanese black. I'm light-skinned, with good hair, what we call high yellow, and so is Lula Ann's father. Ain't nobody in my family anywhere near that color. Tar is the closest I can think of yet her hair don't go with the skin. It's different – straight but curly like those naked tribes in Australia. You might think she's a throwback, but throwback to what? You should have seen my grandmother; she passed for white and never said another word to any one of her children. Any letter she got from my mother or my aunts she sent right back, unopened. Finally they got the message of no message and let her be. Almost all mulatto types and quadroons[1] did that back in the day – if they had the right kind of hair, that is. […] My own mother, Lula Mae, could have passed[2] easy, but she chose not to. She told me the price she paid for that decision. When she and my father went to the courthouse to get married there were two Bibles and they had to put their hands on the one reserved for Negroes. The other one was for white people's hands. The Bible! Can you beat it? My mother was housekeeper for a rich white couple. They ate every meal she cooked and insisted she scrub their backs while they sat in the tub and God knows what other intimate things they made her do, but no touching of the same Bible.

Some of you probably think it's a bad thing to group ourselves according to skin color – the lighter, the better – in social clubs, neighborhoods, churches, sororities, even colored schools. But how else can we hold on to a little dignity? How else can you avoid being spit on in a drugstore, shoving elbows at the bus stop, walking in the gutter to let whites have the whole sidewalk, charged a nickel at the grocer's for a paper bag that's free to white shoppers? Let alone all the name-calling. I heard about all of that and much, much more. But because of my mother's skin color, she wasn't stopped from trying on hats in the department stores or using their ladies' room. And my father could try on shoes in the front part of the shoestore, not in a back room. Neither one would let themselves drink from a "colored only" fountain even if they were dying of thirst.

I hate to say it, but from the very beginning in the maternity ward the baby, Lula Ann, embarrassed me. Her birth skin was pale like all babies', even African ones, but it changed fast. I thought I was going crazy when she turned blue-black right before my eyes. I know I went crazy for a minute because once – just for a few seconds – I held a blanket over her face and pressed. But I couldn't do that, no matter how much I wished she hadn't been born with that terrible color. I even thought of giving her away to an orphanage someplace. And I was scared to be one of those mothers who put their babies on church steps. Recently I heard about a couple in Germany, white as snow, who had a dark-skinned baby nobody could explain. Twins, I believe – one white, one colored. But I don't know if it's true. All I know is that for me, nursing her was like having a pickaninny[3] sucking my teat. I went to bottle-feeding soon as I got home.

My husband, Louis, is a porter[4] and when he got back off the rails he looked at me like I really was crazy and looked at her like she was from the planet Jupiter. […] That's what did it – what caused the fights between me and him. It broke our marriage to pieces. We had three good years together but when she was born he blamed me and treated Lula Ann like she was a stranger – more than that, an enemy. He never touched her. I never did convince him that I ain't never, ever fooled around with another man. […]

I had to be strict, very strict. Lula Ann needed to learn how to behave, how to keep her head down and not to make trouble. […] Her color is a cross she will always carry. But it's not my fault. It's not my fault. It's not my fault. It's not. *(784 words)*

Toni Morrison: God Help the Child, London: Chatto & Windus 2015, S. 3–7

1 quadroon – person that is one-quarter black
2 passed – *here:* durchgehen als weiß
3 pickaninny – offensive term used for a black baby
4 porter – *der Schaffner*

Aufgaben

1. Sum up the information about Sweetness (the narrator) and her family. (Material) (30 BE)
2. Analyze how the narrator's attitude towards her daughter is conveyed, taking narrative perspective and language into account. (35 BE)
3. Choose **one** of the following tasks: (35 BE)

3.1 Later in the novel, Sweetness reflects upon how she raised Lula Ann: "There was no point in being tough or sassy even when you were right. Not in a world where you could be sent to juvenile lockup for talking back or fighting in school, a world where you'd be the last one hired and the first one fired."

Taking the quote as a starting point, discuss whether submissiveness can be an appropriate strategy when dealing with discrimination.

or

3.2 In an article about the Black Lives Matter movement, author Adam Serwer claims that "The United States has its best opportunity in 150 years to belatedly fulfill its promise as a multiracial democracy."

Write a letter to the editor of *The Atlantic* – the magazine in which Serwer's article was published – assessing his statement, taking African American history into account.

Lösungsvorschlag

Prüfungsteil 1 (Sprachmittlung) – Vorschlag A: *Youth and science*

In this mediation task, you have to write an article for the website of an international project. The text does not need to be overly formal but should adhere to the conventions of a web article. In terms of content, you should describe how the 'Jugend forscht' competition has evolved over the years and what its objectives are.

Mention the following points:

- ***Development of the competition***
  - *launched in 1965 in response to criticism of the German education system*
  - *modelled after science fairs in the USA*
  - *large German companies provide support and take on sponsorships*
  - *rapid expansion to include East Germany after German reunification*
  - *after two years, categorisation by subject area instead of by gender of participants*
  - *initially focused on traditional school subjects, later expanded to other fields*
  - *after 4 years a separate competition category was introduced for younger students*
  - *high-ranking politicians offer their support*
  - *increasing number of registrations over the years*
- ***Goals:***
  - *encouraging talent in schools and education*
  - *public recognition of young talents' achievements*
  - *sparking interest in studying science, engineering or medicine*

Promoting Young Talent in Science — title

In 1965, a science talent competition for young people was launched in Germany in response to criticism of the German educational system. The competition followed the example of American science fairs. — development

In the first two years there were different competitions for boys and girls, but that distinction did not last. It was replaced by different fields of science. At first the categories included typical school subjects, but soon other subjects were added. Since 1969, the competition has addressed younger students up to the age of 14 in a separate section. — participants, subjects

After the reunification of Germany the competition quickly spread to all the federal states of the republic, including the new eastern states. — expansion after reunification

From the beginning the competition was supported by leading German enterprises and later by important politicians as well. The number of participants has been rising for years. — supporters

The goal of the competition is to promote young talent in science, engineering and medicine. The students' achievements are presented to specialists and also the public and acknowledged by them. These young people are then motivated to study science, engineering or medicine. *(186 words)* — goals

Prüfungsteil 2 (Schreiben) – Vorschlag B 1: *Empire and identity*

Teaching module referred to:
The task refers to the teaching module The Encounter of Cultures *(Q 2) – especially the aspects dealt with in* Great Britain – past and present: The character of a nation *(Q 2.1) and* Ethnic diversity *(Q 2.2).*
The cross-curricular reference is established by part one of the examination (Sprachmittlung, Prüfungsteil 1).

1. ***How to approach the task:***
   - *Read the text carefully and mark the passages that provide information on the factors that have impacted the author's identity:*
     - *massacre committed by the author's ancestors under the command of British officers*
     - *lack of apology from Britain*
     - *the author's identification with British culture although she is proud of her ethnic heritage*
     - *accusations by members of her ethnic group for the English pronunciation of her name and for having a "colonised" mind*
     - *constant reminders in daily life that she is different and does not belong to mainstream society*
     - *possible mitigation of her identity conflict which might result from an official apology and the acceptance of diversity by ethnic groups*
   - *Keep in mind that you are required to give an outline in this task, i. e. to omit minor details, examples and personal comments.*
   - *Start off with an umbrella sentence containing the source, the date of publication, the author and the topic.*

introduction

In the article from the *Financial Times*, published in 2019, the author Avani Lal, a young Oxford student of Punjabi descent, explains the historical and current factors that have had an impact on the development of her identity.

main part

television documentary on Jallianwala Bagh massacre

A television documentary about an atrocity committed by her ancestors under the command of a British colonial officer in Punjab in 1919 made the author aware of the fact that colonial violence must be remembered and that the British government has not apologised for this historical injustice. Avani Lal also became aware of her own identity conflict, which she attributes to the fact that the bloodshed was carried out by her own ancestors under the command of the British, whose culture she identifies with today. She explicitly speaks out in favour of an official apology for the injustice committed in the British Empire. The author hopes that this might help her to reconcile the conflicting elements of her identity.

British woman from Punjabi background

official apology

Although she is proud of her Punjabi heritage, fellow members of her community reproach her for pronouncing her name with an English ring to it. Some of her friends do not consider her Punjabi enough. — not Punjabi enough

At the same time, whether at school or on public transport, members of British mainstream culture have occasionally reminded her that she is different and does not belong. — not British enough

Lal rejects the glorification of the Empire and considers an official apology to be a step towards redefining concepts of Britishness without blaming British people of today for the country's past atrocities. — need to stop glorification of British Empire

(252 words)

2. ***How to approach the task:***
   Step 1: *Start off with a reference to the conflicting elements of Avani Lal's identity:*
   - *double identity: Punjabi heritage vs. growing up in Britain*
   - *criticised for assimilating to British culture while being reminded that she will never really fit in*
   - *hopes for reconciliation of the different identities (apology from Britain for injustices during imperialism; Asian communities accepting assimilation to British culture)*

   Step 2: *Analyse the attitudes that Parvez and Ali, the protagonists in Hanif Kureishi's short story "My Son the Fanatic", have to British society and culture.*
   - *Parvez:*
     - *completely assimilated to British culture*
     - *breaking with Punjabi traditions*
     - *does not understand his son*
   - *Ali:*
     - *assimilated at first*
     - *experiences rejection for being different*
     - *tries to find his cultural roots, but gets trapped in radical ideology*

   Step 3: *comparison between Avani Lal and the two characters in the short story*
   - *unlike Parvez, Avani Lal still feels connected to her cultural heritage*
   - *although she has experienced racist behaviour like Ali, she still feels British*

introduction

According to Avani Lal, the most recent conflicting aspects of her identity result from the fact that her ancestors participated in a massacre under the orders of a British officer with whose culture she identifies today. It is against this backdrop that she has developed a multi-layered identity that comprises two conflicting elements. For some members of her ethnic community her assimilation to Britishness has gone too far, whereas members of mainstream culture sometimes remind her that she is different and does not belong. To mitigate her internal conflict, Avani Lal would appreciate an official apology from the British government for the injustices

multi-layered identity — assimilation — being different — apology from Britain committed under colonial rule during the time of the Empire without putting the blame on British people today. At the same time, she appeals to Asian communities to take a constructive step forward by accepting a diversity of views on common heritage without accusations – a measure which she hopes might contribute to a peaceful reconciliation of the conflicting aspects of her multi-faceted identity.

Punjabi community accepting Britishness

In Hanif Kureishi's short story "My Son the Fanatic", the reader gets to know two fictional characters whose cultural identities and attitudes to Britishness stand in contrast to Avani Lal's experiences.

main part

In this short story, Parvez, a first-generation immigrant from Pakistan who works as a taxi driver in London, does not seem to suffer due to identity problems at all, since he has radically cut off his cultural roots by fully assimilating to British habits and culture. To Parvez, fitting into western society means breaking with Punjabi traditions. Parvez drinks alcohol and eats pork. He loves England for its liberalism and points out that they let you do almost everything there. One of his best friends is a prostitute named Bettina, with whom he discusses family matters while he drives her around at night-time.

Parvez, experiences

assimilated to British culture

breaking with Punjabi traditions

Ali is a fully integrated university student and an outstanding athlete who plays modern western music and even has an English girlfriend. Nonetheless, Ali increasingly feels unjustly treated and even persecuted in mainstream society – an experience that slightly resembles the way Avani Lal is reminded that she is different or is told to go back to where she came from. Yet, unlike Lal, Ali decides to change his life by turning back to his ethnic roots. In his quest for identity, he ends up becoming tangled up in the ideology of radical Islam, which does not have much to do with the traditions of his family. Ali perceives western materialism as the antithesis of a virtuous life. He discards his western belongings, such as his guitar, video games and cricket bat, and he also leaves his girlfriend.

Ali's experiences

assimilated at first

experiences othering

tries to reconnect to his roots

gets caught in radical ideology

rejects British culture

Ali's unwillingness to adapt enrages his father Parvez and causes Parvez to physically attack him under the influence of alcohol. Ali views this as evidence of the hatred of the western world for Muslim people and reproaches his father for assimilating to a culture that inflicts violence on Muslims. Parvez and Ali finally split as a result of this violent confrontation.

conflict between father and son

During this process of radicalisation, Ali is completely unable and unwilling to develop a multi-layered identity. In stark contrast to Avani Lal, he strictly rejects any cultural ties to mainstream western society or, as Lal phrases it, to "common heritage". Parvez, on the other hand, gives up his Punjabi heritage when he moves to

comparison between Ali and Avani

Parvez vs. Avani

Great Britain. In this respect both of their approaches differ fundamentally from Avani Lal's position, which is based on the forward-looking principle of multiple identities, diversity of opinion and peaceful mutual respect. *(584 words)*

3.1 ***How to approach the task:***

- *Use the given quotation as a point of departure by rephrasing it in your own words.*
- *Draw up a list of the pros and cons of an official apology by the British government.*

Pros:

- *symbol of reconciliation*
- *sign of respect without blaming contemporary society for historical injustices*
- *taking history seriously might prevent similar atrocities in the future*
- *possible contribution to a forward-looking conception of Britishness which might be shared by ethnic communities and mainstream society*
- *an apology might contribute to social coherence and to the development of a forward-looking national identity in modern Britain*

Cons:

- *an apology does not make up for pain or injustice*
- *cheap words as a method of warding off financial consequences*
- *words might not reduce anger and might not be taken seriously*

Come to a conclusion and take a standpoint regarding the question of how important an apology might be for a contemporary national identity.

The easiest way to write your composition is by starting with the arguments against your opinion and then coming up with the arguments that support it. It is also possible to mix arguments in favour with those against, however. The following solution shows how you can connect them in a convincing way.

introduction
reference to quote

In the quotation, Avani Lal speaks out in favour of an official apology by the British government for the atrocities committed in the colonies in the time of the Empire. In her opinion, apologising does not mean attributing the blame for these historical acts of violence to present generations. However, the author considers an official apology to be important within the process of redefining the British national identity. From her perspective, such an apology would be a signal or gesture that shows that the government has reflected critically on its colonial past in order to avoid such arbitrary bloodshed in the future.

main part

Considering the current divide over the question of the legacy of the British Empire and the current problems of former colonies, I believe it is high time to show compassion for the victims of colonial rule by taking historical atrocities seriously and by assuming responsibility in order to prevent history from repeating itself in the future.

The Jallianwala Bagh massacre in Punjab cost the lives of at least 379 colonials in 1919 who were unarmed and peacefully demonstrating against the deportation of two religious leaders. This was only one of the countless acts of arbitrary violence committed by the British Empire. Of course, Britain was only one of the colonial powers involved in such crimes. One could add other countries such as Germany or Belgium among others, to the list of perpetrators, since they were also responsible for violence or genocide in Africa. I am firmly convinced that all of the former colonial powers should reflect on the consequences of historical injustices and atrocities which people suffered in the past. Avani Lal's article reveals that members of the Asian community are still suffering as a result of the traumatic experiences of their forebears, some of whom even participated in killing their fellow colonists.

reference to example from the text

con: Britain is not the only country that committed crimes

pro: all countries should reflect on historical injustices to help heal trauma

On the other hand, the author is right not to blame the younger generations for the sins of their fathers. Especially in light of the fact that public opinion is still divided on the question of whether the British Empire is a source of shame or pride, I personally agree with the author and consider an official apology to be a peaceful starting signal for reconciliation which might provide the British with a national identity based on progressive ideas – an approach which could help to overcome barriers between ethnic communities and mainstream culture. A widely accepted national identity based on pluralism and compassion could be the way to prevent the repetition of atrocities, exploitation or even genocide in future.

con: not blame younger generations

pro: however, official apology = signal of reconciliation

pluralistic national identity

prevent repetition

I do acknowledge and regret that injustices of the past still have an impact on the identity of members of ethnic communities in Britain today, even on an almost thoroughly assimilated and somewhat privileged aspiring young Oxford student, yet I do not understand why Avani Lal does not mention the socioeconomic disadvantages that many ethnic communities experience nowadays. Seen from this perspective, Avani Lal seems to overestimate the effects of the simple words "I am sorry" if they are not accompanied by a helping hand to overcome barriers. Words alone are not sufficient to make up for injustices in the past or the present. More should be done to enhance socioeconomic conditions and to promote equal opportunities, not only among members of ethnic communities in Britain but also among industrialised and developing countries. That is why a little more compassion for demands for reparations to post colonial states – India or Pakistan, for instance – would genuinely contribute to redefining national identities in countries in the industrialised world. In addition, current restrictive immigration policies might hopefully be viewed in a more critical light.

con: not enough

socioeconomic disadvantages

equal opportunities in Britain, but also in former colonies

All in all, I believe that an official apology might be a first important step towards developing a contemporary definition of British identity. However, words must be accompanied by deeds and attempts to right the wrongs of the past and to address contemporary problems. *(649 words)*

conclusion

important step, but Britain has to act as well

3.2 ***How to approach the task:***

- *Start off by referring to the statistics given and consider that the issue is a controversial topic today.*
- *Collect arguments put forward in public discourse.*

Empire as a source of shame:

- *arbitrary violence, massacres, genocide by imperialist masters*
- *destruction of indigenous cultures and religion*
- *exploitation of colonies, slavery and slave trade, racism*
- *prosperity for English merchants and industrialists*
- *technological progress in England, benefits for British industry*

Empire as a source of pride:

- *glory of world power as evidence of English exceptionalism and superiority*
- *colonials shared the blessings of English rule and western civilisation*
- *colonials became cultivated Christian members of the world community who also profited from economic and medical progress*

Conclusion:

Discuss the concepts and take a standpoint.

The burden of history — **headline**

introduction

Being a German student who is spending a semester in this country, I would like to post a comment concerning the topical discussion of whether the British Empire should be considered a source of shame or pride.

main part

reference to German history

reference to poll

Coming from a country whose historical legacy has caused unlimited pain and scars in the history of mankind, I was somewhat surprised about the results of recent opinion polls that offer an interesting insight into public opinion on the legacy of the Empire. From the start of these opinion polls in 2014 we discover that 59 % of the respondents – an astonishingly high figure – considered the Empire to be a source of pride, whereas only 19 % of them viewed it critically. At second glance, however, several polls between 2014 and 2020 indicate that there was a significant drop in the number of people with a positive view of the Empire. This decline in support for the Empire should have resulted in an increase in those who felt ashamed of Britain's imperial past. Instead, the number of respondents who were either undecided or indifferent increased substantially from 23 % to 40 % between 2016 and 2020.

The statistics make it clear that current attitudes to this controversial topic are in flux and that more and more people are at least questioning the country's historical past. Possibly, the number of people who take less interest in the question is also rising. Whether the reasons for these trends lie in current international movements like "Black Lives Matter" or perhaps in the economic repercussions of Brexit is a matter of speculation which should be investigated with the help of further research. At any rate, the results of the polls mentioned above indicate that there is a need for further debate and reflection.

explaining the figures

People who tend to glorify the legacy of the Empire today highlight the blessings of this exploitative and oppressive system by emphasising that the Empire brought economic, technological or medical progress to the colonies or that colonials became "Christian, English-speaking and civilised members" of the world community. They remind me of Rudyard Kipling's poem "The White Man's Burden", which epitomises White* European supremacy over indigenous cultures.

source of glory

economic, technological and medical progress

"Christian, English-speaking and civilized" / arguments of White supremacists

However, what they fail to acknowledge is that the suppression of days gone by has contributed to a sense of racial and social inferiority in the victims – feelings which are still burdening later generations today. As a student from Germany, I appreciate the fact that the Empire is increasingly seen in a critical light rather than with rose-tinted spectacles, since the system was based on a sense of national and racial superiority and on overwhelming military power. As a result of British imperialism, colonials lost lands, suffered racial discrimination and exploitation by European masters who were responsible for atrocities and even genocide. At the same time, the Europeans profited from the importing of valuable raw materials such as sugar, tobacco or cotton along triangular trade routes – facts which furthered the modernisation of industry and prosperity in England. Slavery and the destruction of colonial cultures were further downsides of the Empire.

source of shame

victim's self-perception

racial discrimination

exploitation

war crimes/genocide

England profited from suffering

slavery

indigenous cultures

Instead of viewing the Empire as an example of national glory or exceptionalism, its supporters should focus on establishing relations that are on an equal footing. This should also include the focus on improving socioeconomic conditions and establishing a greater amount of equal opportunities for members of all ethnic communities today. That is why I am strongly in favour of a critical rendition of the Empire, especially in the school curriculums and history books. *(590 words)*

conclusion

responsibility for former colonies

Prüfungsteil 2 (Schreiben) – Vorschlag B 2: *People of color*

Teaching modules referred to:
The text at hand refers to the teaching module The USA – the formation of a nation (Q1.1) *focusing in particular on the topic* Landmarks of American history: *insbesondere* Civil Rights Movement, Black Lives Matter

1. ***How to approach the task:***
   Step 1: *Read the excerpt carefully and highlight information about the narrator and her family.*
   Step 2: *Summarise your findings.*
   Refer to the following aspects:
   - *Sweetness and her husband are light-skinned and have light-coloured hair.*
   - *Sweetness' grandmother passed as White and chose to leave her family.*
   - *Sweetness' parents were light-skinned and her mother could have passed as White but chose not to.*
   - *They experienced discrimination because of their race, but also had privileges because of their skin colour.*
   - *Her daughter Lula Ann is very dark-skinned and has black hair.*
   - *Her husband believes Sweetness has cheated on him and she rejects her own daughter.*

Sweetness is light-skinned with yellow hair, as is her husband Louis, who works as a porter. Her grandmother looked like a White person and pretended to be one. She didn't even stay in touch with her relatives, but ignored her Black* heritage. The narrator's mother, Lula Mae, also looked like a White person but did not pretend to be one, which is why she and her Black husband experienced discrimination when they got married. They had to put their hands on the bible reserved for Black people. Lula Mae worked as a housekeeper for rich White people. However, she and her husband were also granted some privileges that came from looking rather White, like trying on clothes in the front section of a department store. They did not pretend to be White within the family like the grandmother did, but they avoided the label "Black" as well, because they would not drink out of a "colored only" fountain.

Sweetness gives birth to Lula Ann, who has a surprisingly dark skin colour. That is why the biological father Louis thinks that she cannot be his child and does not build a relationship with the baby. The marriage eventually fails because he believes that Sweetness has cheated on him. *(207 words)*

Sweetness + Louis
her grandmother
Lula Mae (her mother)
discrimination against Black people
advantages for light-skinned people
Lula Ann
influence on relationship

2. ***How to approach the task:***
Step 1: *Determine which narrative perspective is used in the text (first-person narrator, third-person narrator, omniscient or limited).*
Step 2: *Read the text again and mark stylistic devices, adjectives, metaphors or comparisons that seem significant for describing the mother-daughter relationship.*
Step 3: *Analyse how the narrative perspective helps the reader to understand the relationship between mother and daughter and how stylistic devices and key motifs and word fields support this.*
You could refer to the following aspects:
- *first-person narrator: the story is told from Sweetness' perspective*
- *addresses the reader*
- *main motive: guilt*
- *relationship with husband and what this means for relationship with daughter (cf. ll. 40–45)*
- *choice of words: being Black seen as something negative, something to be "embarrassed" (l. 30) about*
- *mother's behaviour immediately after birth: almost kills Lula Ann (ll. 29–39)*
- *reference to the Bible, metaphor: "a cross she will always carry" (l. 47)*

perspective
first-person narrator, addresses the reader

The extract from the novel *God Help the Child* is told by a first-person narrator who addresses the reader in the story ("Some of you probably think …" l. 19). This perspective provides insight into the thoughts and emotions of the narrator. In this particular story, it helps the reader to understand the emotional turmoil that the narrator experiences after giving birth to a dark-skinned child.

guilt

repetition

addressing the reader

relationship with husband

Throughout this excerpt from the novel, the main theme is guilt. Giving birth to a dark-skinned baby seems like a crime to the narrator. It starts with "[i]t's not my fault" (l. 1) and ends with this phrase being repeated three more times (cf. l. 48). She also says "I didn't do it" (l. 1) and "you can't blame me" (l. 1), but it is not yet clear who would blame her. As she talks to the reader, Sweetness seems to think that they might make her responsible for her daughter's skin colour, thereby implying that they share the opinion that being dark-skinned is bad. Her husband also "blamed" (l. 43) her because he thought that she must have had an affair with a dark-skinned man. The comparison of him looking at her like she "was crazy" (l. 41) also supports the idea that he no longer trusts her or thinks of her as reasonable. Therefore, in her eyes her daughter is responsible for her failed relationship.

mother-daughter relationship
choice of words

almost killed her

The narrator feels "scared" (ll. 3, 35) and "embarrassed" (l. 30) by her daughter's skin colour. So fear and shame are connected to being Black. Her daughter's skin colour seems so "wrong" (l. 3) to her that she goes "crazy" (ll. 31, 32) and even tries to kill her own daughter by pressing a blanket over her face. She does not go through with it but she feels so ambivalent about her daughter that she cannot stand to breastfeed her (cf. ll. 38/39). Her daughter's skin colour seems like a mistake, something that has gone wrong. She wishes she "hadn't been born with that terrible color" (ll. 33/34). That is why the mother has difficulty bonding with her daughter. She sees the dark skin metaphorically as "a cross she will always carry" (l. 47). The cross that Jesus carried represents the sins of mankind that he carried on his shoulders. In this analogy, the cross of being dark-skinned not only means that she has to suffer because she is Black, but also that being dark-skinned is like a sin. It is seen as a shame and an embarrassment, and that is why the narrator thinks Lula Ann "needed to learn [...] how to keep her head down" (ll. 47/48). *(445 words)*

rejects her

reference to the Bible

analogy

3.1 ***How to approach the task:***

Step 1: *Read the quote and think about people who are discriminated against in different situations. When might submissiveness be helpful? In which situations might it be better to stand up and fight for your rights? Make a list of advantages and disadvantages of submissiveness.*

Step 2: *Start with weaker arguments and end with the position that you are convinced is right.*

Step 3: *Think of an introduction that includes the quote and an ending that summarises and balances your findings.*

Possible arguments:

Arguments for submissiveness being helpful:
- *can be dangerous to act too boldly*
- *easier to win allies in majority*

Arguments for it being better to stand up for your rights:
- *no change in the long run if minorities lack visibility*
- *submissiveness can reinforce negative stereotypes*

When children from a minority – be it a religious or racial minority – grow up, their parents often tell them that there is "no point in being tough or sassy even when you are right. Not in a world where you could be sent to juvenile lockup for talking back or fighting in school, a world where you'd be the last one hired and the first one fired", as Sweetness puts it in Toni Morrison's novel *God Help the Child*. In contrast to that, at school children from minorities are often told to stand up for their rights. Our culture is also full of stories of people who successfully fight against discrimination. So which perspective is right then? Can submissiveness be an appropriate strategy when dealing with discrimination or should each minority fight for their rights?

introduction

reference to quote

First of all, anyone can think of a situation in which submissiveness is the superior strategy. If you walk through the streets of a big city at night and you are robbed, nobody would suggest that you should fight. You are told to give up your wallet and go to the police afterwards. People who are discriminated against also encounter dangerous situations where they are threatened. Parents of Black children know that their children are more likely to be shot than White people's children. They are often worried about their children's safety and these worries are based on statistics and are not just figments of their imagination. So a strategy of being submissive might be a lifesaver in dangerous situations.

main part

for submissiveness

talking / fighting back can be dangerous

Secondly, the group that is discriminated against is usually weaker than the majority. If the majority does not support gay rights, for example, the LGBTQ+ community can stand up against discrimination all they want but they will not be able to make a big difference. If the majority cannot be persuaded to become an ally, to acknowledge their struggles and pass legislation that gives them more rights, laws will not change. That is why submissiveness can be a strategy to conserve your energy and pick your battles wisely.

minorities depend on support

On the other hand, the majority does not usually see the struggles of minorities and therefore does not feel the urge to change anything. People who can walk and have no disabilities do not notice that the lift does not work most of the time. They do not see kerbs that wheelchairs cannot get over. It often has to be pointed out to them so that they understand the problems minorities have. If minorities do not point out the ways in which society is still discriminating against them, most people would not notice. That is why submissiveness is not helpful if you want to change society in the long run.

against submissiveness

minorities become invisible

Furthermore, when you have any label that society discriminates against and you are ashamed and submissive in that regard, you actually have two problems instead of one. If you are extremely overweight, for example, you have difficulty finding clothes that fit properly, you are discriminated against when you apply for jobs and some seats are very uncomfortable, etc. There are many problems that arise because in our society overweight people are often seen as weak and somehow inferior. However, if you then react with submissiveness, you are actually accepting the negative label that society is putting on you as if it were justified. If you act submissively, you feel inferior and you are more likely to feel ashamed of yourself and might think that the way society treats you is fair or normal.

might support negative stereotypes

That is why even though submissiveness might be a lifesaver in really dangerous situations, it is not a successful strategy for people who are discriminated against. It is unhealthy psychologically and

conclusion

the majority actually needs the help of the minority, who points out what still needs to be done to create a better society. *(640 words)*

3.2 ***Step 1:*** *Read the quote by Adam Serwer and make up your mind. Do you agree or disagree with it? Make notes that support your opinion.*
Step 2: *Make notes about African American history. What has changed for the better in the last 150 years?*
Step 3: *Write an introduction in which you refer to the quote. Present your arguments and refer to African American history in the main part. Conclude with your position and maybe an outlook for the future.*
You could refer to the following aspects:
African American history:
- *Montgomery Bus Boycott*
- *Civil Rights Act*
- *Bloody Sunday*

What has to be improved for multiracial democracy:
- *healthcare*
- *education/career*
- *racial profiling, police brutally*
- *housing*
- *politics*

Dear Sir or Madam,

greeting

It was with great interest that I read Adam Serwer's article about the Black Lives Matter movement, in which he states that "The United States has its best opportunity in 150 years to belatedly fulfill its promise as a multiracial democracy." At first I wondered if that could be true.

introduction
reference to quote

After all, if you look at the last 150 years, Black people have managed to achieve more equality than they have had at any other point in the history of the US. When slavery was officially abolished at the end of the Civil War, it did not end discrimination against Black people. Black people were segregated in many aspects of daily life in society, which was challenged by Rosa Parks and the Montgomery Bus Boycott in 1955, which started off the Civil Rights movement. When the Civil Rights Act was signed in 1964, segregation officially ended.

African American history
slavery abolished
Montgomery Bus Boycott
Civil Rights Act

Nevertheless, on Bloody Sunday in 1965, Black people were beaten up when they marched peacefully for equality and the right to vote. Compared to the 1960s, one could say that the US is now a multiracial and equal society, especially as they elected a Black president in 2009. However, if you look at the current facts more closely, is that still true?

Bloody Sunday

First of all, if you analyze the health situation, you see that the life expectancy of Black people in the United States is significantly lower than that of White people in the US. That may be due to the fact that for Black people access to healthcare is impeded, they are treated by doctors who care less about their health, and they cannot afford a healthier lifestyle.

racism today
healthcare

The same holds true for the access to careers and degrees. If you look at college graduates, the percentage of White college graduates is highest, followed by Hispanic or Latino students, and then followed by Black Americans. Therefore, more White graduates than Black Americans manage to choose a career where they can earn a higher salary.

education and career

No matter what area you analyze, Black Americans are always slightly disadvantaged in every category. They are not fully represented in politics and are more often shot by the police, etc. That is why the United States has to go further to fulfill its promise of becoming a multiracial society. The fact that a lot of people from different races joined the BLM and that Black people now do better than they did in the 1960s does not prove that we already have a multiracial society. It does, however, demonstrate that more and more people are realizing that this movement is necessary and maybe this will help the society that Martin Luther King, Jr. envisaged in his "I have a dream" speech, which he gave at the March on Washington in 1963, to become reality.

conclusion

Sincerely,
Elena Nguyen

(473 word)

* *The words "Black" and "White" are capitalised to signal that they are not natural categories but social ones (for more background information on this topic see, for example, https://www.theatlantic.com/ideas/archive/2020/06/time-to-capitalize-black-and-white/613159/).*

Abiturprüfung 2023 Englisch (Hessen)
Leistungskurs

Prüfungsteil 1 (Sprachmittlung) – Vorschlag A: *Multicultural partnerships*

Material: Lara Sielmann, Berliner Literaturprojekt „Weiter Schreiben“

Das Projekt bringt Autoren aus Krisengebieten und Deutschland zusammen. Ausländische Schriftsteller erhalten so leichter Zugang zum deutschen Literaturbetrieb.

„Früher konnte ich das ganze Haus beobachten, während ich den Innenhof schrubbte. Ich erinnere mich an das Wasser, das ich aus dem Eimer goss, ich erinnere mich an das Geräusch des Schrubbers, ich erinnere mich daran, wie ich das Wasser verteilte und wie das Wasser allen Staub und Schmutz verschluckte, wie es alle meine Sünden in den Gully mit der gelben Abdeckung schwemmte“, schreibt die syrische Schriftstellerin Lina Atfah, die mittlerweile in Nordrhein-Westfalen lebt, ihrer Brieffreundin Nino Haratischwili[1] über das Haus ihrer Kindheit in Salamiyya[2]. [...]

Der digitale Brief ist bereits der dritte der beiden Schriftstellerinnen, der in „(W)Ortwechseln“ erschienen ist. Insgesamt sechs Autorenpaare sind Teil des Projektes, das seit Ende April im Zwei-Wochen-Rhythmus das gesamte Jahr über auf der dazugehörigen Homepage veröffentlicht wird.

Mit dabei sind Autoren aus Syrien, dem Irak, dem Iran, Kroatien, Russland, Georgien, Österreich und Deutschland, unter anderem Pegah Ahmadi und Monika Rinck, Abdalrahman Alqalaq und Katerina Poladjan, Mariam Al-Attar und Sabine Scholl. Der Leser erhält persönliche und künstlerische Einblicke und erfährt etwas über die Bedingungen des Schreibens der jeweiligen Briefverfasser.

Hervorgegangen ist „(W)Ortwechseln“ aus dem Berliner Literaturprojekt „Weiter Schreiben“, das seit 2017 deutsche Autoren mit Autoren aus Krisengebieten in Tandems zusammenbringt, mit dem Ziel, die ausländischen Schriftsteller und Schriftstellerinnen im deutschsprachigen Literaturbetrieb zu etablieren.

„Alle Autorinnen und Autoren aus diesen Gebieten, die nach Deutschland gekommen sind, hatten einen Wunsch, nämlich weiter zu schreiben“, erzählt die Schriftstellerin und Gründerin des Projektes, Annika Reich. Bereits vor acht Jahren hat die Wahlberlinerin zusammen mit der Malerin Katharina Grosse einen Kreis von 100 Frauen aus dem Bereich Wissenschaft, Kunst und Kultur gegründet.

Sie sollen sich gegenseitig unterstützen und gemeinsam Projekte umsetzen. [...]

2015 wurde aus diesem Verband die NGO „Wir Machen Das“ gegründet, die Menschen aus Krisengebieten aus dem Bereich Kultur und Journalismus den Einstieg in den deutschen Kulturbetrieb erleichtern soll. Das Projekt „Weiter Schreiben“ richtet sich vor allem an Autoren, die auf Arabisch schreiben.

„Die deutschsprachigen Autorinnen und Autoren des Tandems sind hier bekannt und etabliert. Dadurch wurde von den großen Literaturinstitutionen von Anfang an auch die literarische Qualität der Partnerinnen und Partner nicht infrage gestellt, auch wenn sie hier noch nicht bekannt sind“, erzählt Reich.

Die 47-Jährige unterbrach für die Arbeit bei der NGO das eigene Schreiben für fünf Jahre. Vor der Corona-Pandemie war das Projekt in Berlin gut erlebbar. Es gab verschiedene Lesungen in Buchhandlungen und bekannten Literaturinstitutionen wie dem Literarischen Colloquium am Wannsee oder dem Literaturhaus in der Fasanenstraße.

Daneben erscheint seit 2019 auch das „Weiter Schreiben“-Magazin, in dem die Autoren und Autorinnen des Projektes publiziert werden. Interviews und Essays zu einem Themenschwerpunkt stehen auch darin. Die aktuelle Ausgabe beinhaltet erste Auszüge der Briefkorrespondenz der deutschen Lyrikerin Monika Rinck mit ihrer iranischen Tandempartnerin Pegah Ahmadi. Besonders groß ist der Markt an übersetzter arabischsprachiger Literatur in Deutschland noch nicht, vor allem, was die Gegenwartsliteratur betrifft.

„Es ist erschreckend, wie wenig generell aus dem Arabischen übersetzt wird“, sagt Reich. „So transportieren sich ja auch kein neues Wissen oder Einblicke in die arabischsprachige Literaturwelt oder in das, worüber aktuell geschrieben und nachgedacht wird.“

Allerdings laufe es für die Autorinnen und Autoren von „Weiter Schreiben“ ganz gut, fünf haben schon Bücher veröffentlicht. Drei weitere Verträge sind geschlossen. Insgesamt 17 aktive Tandems gibt es zurzeit, viel mehr Kapazitäten hat das Team um Reich herum nicht. Das alles sei auch eine Geldfrage: „Für die nächsten drei Jahre sind wir zum Glück gefördert, viel Luft nach oben, also für alle Autorinnen und Autoren, die wir gerne aufnehmen würden, lässt uns das aber trotzdem nicht.“

Für dieses Jahr hatten sie sich viel vorgenommen, das Netzwerk sollte über Deutschland hinaus wachsen. Das geht wegen der aktuellen Krise gerade nicht, soll aber nachgeholt werden, sobald es wieder möglich ist. „Unsere Briefkorrespondenzen kommen somit zur richtigen Zeit“, sagt Reich.

Im Herbst soll der dazugehörige Podcast in Kooperation mit dem rbbKultur[3] folgen. In insgesamt drei Folgen wollen die Autoren das bis dahin Geschriebene und Veröffentlichte näher beleuchten. *(648 Wörter)*

Lara Sielmann, „Berliner Literaturprojekt ‚Weiter Schreiben‘: Briefe aus dem Krisengebiet“, in: Der Tagesspiegel, *25. Mai 2020.*
https://www.tagesspiegel.de/berlin/berliner-literaturprojekt-weiter-schreiben-briefe-aus-dem-krisengebiet/25855964.html

1 *Nino Haratischwili:* aus Georgien stammende deutsche Theaterregisseurin, Dramatikerin und Romanautorin
2 *Salamiyya:* Kleinstadt in Syrien
3 *rbbKultur:* Programm des Senders Rundfunk Berlin-Brandenburg

Aufgabe

Your British friend is doing research on projects promoting multicultural partnerships in the arts and has asked you about corresponding initiatives in Germany.

Write an email to your friend in which you outline the information about the project “Writing On”. (Material) (100 BE)

Prüfungsteil 2 (Schreiben) – Vorschlag B 1: *Becoming American*

Wählen Sie Vorschlag B 1 oder B 2 zur Bearbeitung aus.

Material 1: Johann N. Neem: An American Childhood

In the 1970s, the author's family emigrated from India to the USA when he was two years old. They were part of the first wave of immigrants after the removal of a law that favored European immigration in 1965.

Mine was an American childhood. We were middle class and lived on a cul-de-sac whose residents were diverse in many of the usual American ways. There were Japanese-Americans and Catholics and Protestants. There were people without college degrees, and others with graduate degrees. There were Republicans and Democrats. There were immigrants from Germany, and of course we were from India. [...]

I imagined that I could become anybody. I had no awareness then that this belief was the result of more than two centuries of activism on the part of African Americans, feminists, and their allies to earn equality within the American nation-state. It was California. The American Dream was alive. Of course, that dream had been deferred for so many Americans for too long. But after 1965, it was hoped, those obstacles would be behind us. Immigrants would be welcome. African Americans would be equal. And despite the thus-far unsuccessful effort to enact the Equal Rights Amendment[1], I grew up in a world that took for granted that women too could be whomever they wanted to be.

There was a kind of amnesia. Maybe that's not the right word. We were new. So maybe it was that I just didn't know the history, and my parents had experienced a different history. Whatever it was, America was, for us, a blank slate. But it was not *fully blank*. It had rituals and traditions for us to learn, such as giving gifts and spending time with family and friends on Christmas or having barbecues on the Fourth of July. We gathered with neighbors to hunt Easter eggs. It had norms, like saying "thank you" for any kind of service, a sign of the respect each American owed fellow Americans for their contributions to society. It had a creed, too – that the United States promised all people a better, freer, more prosperous life.

No doubt, my parents sometimes faced challenges and encountered prejudice. For all that I shared with my neighbors and schoolmates, my family was also *Indian* American. I grew up surrounded by family friends who were immigrants like us. That was fine too. In America, my Indianness was part of a pluralistic civil society and market in which ethnic and religious groups could sustain their beliefs and folkways[2]. Growing up, I experienced no tension between going to Berkeley for masala dosas[3] in restaurants full of immigrants (and a few hippies), and learning in school about *my* Pilgrim forebears. Nor was I told that my recent arrival in America exempted me from responsibility for the evils of slavery and racism. As part of the imagined community of the nation, I understood that the past was also a shared burden.

Most of us have multiple communities to which we belong – and which make claims on us – and it is the relations between these sources of our identity that make us who we are. It is the tensions between some of these obligations, furthermore, that enable invaluable self-criticism. As the political theorist Michael Walzer has written, a self whose identity is made up of only one source is shallow and totalizing. What makes our differences – our pluralism – sustainable is that one of the communities that define us – America – is shared by most of us. We are many, but also one. This was the ideal of the so-called hyphenated American. *All* Americans, native born or immigrant, had their particular ethnic and religious identities, but we shared a common American-ness.

As a child, I thought that to be American was to believe in individuality, to support pluralism and equality, and also to celebrate common holidays and eat common foods, such as the oozy grilled cheeses and bean burritos that the school cafeteria dished up for us, or the sloppy joes and tacos that my mom learned to cook (even though my favorite food remained dahl and rice). On Halloween, it meant carving jack-o-lanterns and, in the evening, heading out with friends for trick-or-treating. On Thanksgiving, it meant gathering with other immigrant families and friends to eat turkey and express gratitude. Being American meant that during the Christmas season, we kids would live in anticipation, poring through the toy section of the Sears catalog. On the Fourth of July, we'd watch fireworks. At school, we said the Pledge of Allegiance.

I lived in a world where we could all be American, not because of our cultural differences but because of what we could share. This shared culture – this sense of being a people – is a precondition to sustaining the universal ideals of American democracy. We like to pretend that principles are enough, but abstract ideas are thin gruel for flesh-and-blood human beings. We are not disembodied reasoners. We belong to groups. We have emotions. Culture connects us to our country and to one another. But that culture depends on shared rituals and experiences. Today, we are so afraid of offense that we risk privatizing the very culture we once could share together.

My childhood memories of a diverse neighborhood and public school where we could all be Americans reflect good fortune. There are many Americans who experience discrimination and prejudice […]. Since the American Revolution[4], activists have struggled to overcome exclusion; we are still struggling today. But there is a meaningful distinction between seeking access to the common life of the nation and deciding that that common life is itself the problem. A shared culture requires *something*. It cannot simply be an absence.

Shared holidays are essential parts of culture. They mark time and endow it with meaning. That is why the so-called "war over Christmas,"[5] while overblown, is not silly. It reflects what happens when rituals with collective meaning become contested and diminished. Just like so much that once could be shared but now must belong to a "group," Christmas has become something that divides rather than unites. If everything and everyone belongs to a subgroup, there can be no group, and with no group there can be no Americans. *(997 words)*

Johann N. Neem: Unbecoming American, in: Hedgehog Review, Spring 2020, URL: https://hedgehogreview.com/ issues/monsters/articles/unbecoming-american

Hinweis: Sprachliche Fehler in der Textvorlage wurden entsprechend der geltenden Norm korrigiert. Zwischenüberschriften der Textvorlage wurden entfernt.

1 Equal Rights Amendment – proposed in 1923 to guarantee equal rights for men and women in the Constitution but ratification took until 2021
2 folkways – traditional behavior and customs
3 masala dosas – an Indian dish made from flat bread and stuffing
4 American Revolution – war (1775–1783) in which the British colonies broke free from British rule
5 "war over Christmas" – cultural debate whether the public display of Christmas symbols is politically correct

Aufgaben

1. Outline Johann N. Neem's experiences growing up in the USA as an immigrant child. (Material) (30 BE)

2. Analyze how the author conveys his view on "American-ness". (30 BE)

3. Choose **one** of the following tasks: (40 BE)

3.1 "Most of us have multiple communities to which we belong – and which make claims on us – and it is the relations between these sources of our identity that make us who we are." (Material)

Taking the quote as a starting point, discuss the challenges and benefits of having a hybrid cultural identity.

or

3.2 You are participating in an international project on migration in different countries and your group has been assigned the United States.

Write an article for the project website in which you assess immigrants' chances of fulfilling their American Dream today.

Prüfungsteil 2 (Schreiben) – Vorschlag B 2: *Shakespeare's villains*

Material 1: William Shakespeare: Much Ado about Nothing (excerpt from the play, 1598/99)

LEONATO – a respectable nobleman
CLAUDIO – a well-respected young nobleman and soldier
DON PEDRO – the Prince of Aragon
DON JOHN — Don Pedro's illegitimate brother
CONRADE and BORACHIO – Don John's companions
HERO — Leonato's daughter
MARGARET – waiting gentlewoman attendant on Hero

LEONATO welcomes some of his friends coming home from a war. Among them are CLAUDIO, DON PEDRO and his illegitimate brother DON JOHN with his companions CONRADE and BORACHIO.

As the illegitimate brother, DON JOHN is the black sheep of the family.

Act I Scene 3: Outside LEONATO'S house.

DON JOHN is in a very bad mood about the conflict with his brother. He is looking for some remedy to lighten his mood.

CONRADE You have of late stood out against your brother, and he hath ta'en you newly into his grace, where it is impossible you should take true root, but by the fair weather that you make yourself: it is needful that you frame the season for your own harvest[1].

DON JOHN I had rather be a canker[2] in a hedge, than a rose in his grace, and it better fits my blood to be disdained of all, than to fashion a carriage to rob love[3] from any. In this (though I cannot be said to be a flattering honest man) it must not be denied but I am a plain-dealing villain. I am trusted with a muzzle, and enfranchised with a clog[4], therefore I have decreed not to sing in my cage. If I had my mouth, I would bite: if I had my liberty, I would do my liking. In the mean time, let me be that I am, and seek not to alter me.

CONRADE Can you make no use of your discontent?

DON JOHN I make all use of it, for I use it only. Who comes here?

Enter **BORACHIO**

What news, Borachio?

BORACHIO I came yonder from a great supper, the prince your brother is royally entertained by Leonato, and I can give you intelligence of an intended marriage.

DON JOHN Will it serve for any model to build mischief on? What is he for a fool that betroths himself to unquietness?

BORACHIO Marry, it is your brother's right hand.

DON JOHN Who, the most exquisite Claudio?

BORACHIO Even he.

DON JOHN A proper squire! And who, and who, which way looks he?

BORACHIO Marry, on Hero, the daughter and heir of Leonato.

DON JOHN A very forward March-chick[5]. [...] Come, come, let us thither, this may prove food to my displeasure, that young start-up [Claudio] hath all the glory of my overthrow[6]: if I can cross him any way, I bless myself every way. You are both sure, and will assist me?

CONRADE To the death, my lord. [...]

Act II Scene 2: LEONATO's house

DON JOHN It is so, the Count Claudio shall marry the daughter of Leonato.

BORACHIO Yea, my lord, but I can cross it.

DON JOHN Any bar, any cross, any impediment, will be medicinable to me, I am sick in displeasure to him, and whatsoever comes athwart his affection, ranges evenly with mine[7]. How canst thou cross this marriage?

BORACHIO Not honestly, my lord, but so covertly, that no dishonesty shall appear in me.

DON JOHN Show me briefly how.

BORACHIO I think I told your lordship a year since, how much I am in the favour of Margaret, the waiting gentlewoman to Hero.

DON JOHN I remember.

BORACHIO I can at any unseasonable instant[8] of the night, appoint her to look out at her lady's chamber window.

DON JOHN What life is in that to be the death of this marriage?

BORACHIO The poison of that lies in you to temper; go you to the prince your brother, spare not to tell him, that he hath wronged his honour in marrying the renowned Claudio, whose estimation do you mightily hold up, to a contaminated stale[9], such a one as Hero.

DON JOHN What proof shall I make of that?

BORACHIO Proof enough, to misuse the prince, to vex Claudio, to undo Hero, and kill Leonato; look you for any other issue?

DON JOHN Only to despite them I will endeavour anything,

BORACHIO Go then, find me a meet hour to draw Don Pedro and the Count Claudio alone, tell them that you know that Hero loves me, intend a kind of zeal[10] both to the prince and Claudio (as in love of your brother's honour who hath made this match, and his friend's reputation, who is thus like to be cozened with the semblance of a maid[11]) that you have discovered thus: they will scarcely believe this without trial: offer them instances[12] which shall bear no less likelihood, than to see me at her chamber window, hear me call Margaret Hero, hear Margaret term me Claudio[13], and bring them to see this the very night before the intended wedding, for in the mean time, I will so fashion the matter, that Hero shall be absent, and there shall appear such seeming truth of Hero's disloyalty, that jealousy shall be called assurance, and all the preparation[14] overthrown.

DON JOHN Grow this to what adverse issue it can, I will put it in practice: be cunning in the working this, and thy fee is a thousand ducats. *(724 words)*

William Shakespeare: Much Ado about Nothing, Cambridge 1998 [1598/99], S. 21–47.

1 it is needful that you frame the season for your own harvest – you have to wait for the appropriate time to act
2 canker – a plant disease, *here:* a source of corruption or debasement
3 to fashion a carriage to rob love – to put on a fancy show and trick sb into loving sb
4 I am trusted with a muzzle, and enfranchised with a clog – my brother trusts me as much as a master trusts a dog he muzzles or a peasant he sets "free" by chaining a big weight around his foot
5 March-chick – A chicken hatched in March is said to have a good start in life and to be very lively.
6 he hath all the glory of my overthrow – *here:* Don John holds a grudge against Claudio for the part he played in Don John's recent downfall.
7 whatsoever comes athwart his affection, ranges evenly with mine – whoever ruins his affection/happiness has my affection/makes me happy
8 at any unseasonable instant – at any indecent hour
9 contaminated stale – tainted prostitute
10 intend a kind of zeal – pretend to be concerned
11 who is thus like to be cozened with the semblance of a maid – who will be ruined by this woman who pretends to be a virgin
12 instance – proof
13 term me Claudio – call me Claudio (as if Hero were mocking Claudio while with another man)
14 preparation – refers to the preparations for the wedding

Aufgaben

1. Outline Don John's motivation and the plan to cause mischief. (Material) (30 BE)

2 Compare Don John (Material) and Iago from Shakespeare's "Othello". (40 BE)

3. Choose **one** of the following tasks: (30 BE)

3.1 "A friend asked me last night […] 'So what I want to know is what does it feel like being the only African-American and also playing the villain?'"
Bob Devin Jones, African-American actor playing Don John in a production in Florida in 2005

Taking the quotation as a starting point and with reference to both Don John and Iago, assess the two plays' possible receptions if only the actors playing the villains were black.

or

3.2 As a student of Theatre Studies you are working as an intern at the English Theatre Frankfurt to gain some work experience. An American director coming to Frankfurt in a few weeks' time wants to do a student production of "Othello". He has asked you and the other students assigned to assist him to send him some ideas for the production beforehand. Having studied "Othello" at school, you actually see the main focus of the play on Iago and thus want to use your artistic freedom and name the production after him.

Write an email to the director, explaining why this production of the play should be named "Iago".

Lösungsvorschlag

Prüfungsteil 1 (Sprachmittlung) – Vorschlag A: *Multicultural partnerships*

In this mediation task, you are supposed to write an email to a friend. The text can be quite informal, but it has to follow the conventions of an email. You are supposed to summarise the information from the article about the project "Writing On". The text also contains information about projects that are linked to it, so you have to be very careful to differentiate what is relevant from what is not. Besides the basic information about the project, the email should also include the activities that are carried out within the project and the goals of the project.

- ***Greeting***
- ***Introductory sentence***
- ***Basic information***
  - *literature project from Berlin*
  - *since 2017*
  - *brings together authors from crisis regions and Germany, especially Arabic-speaking people*
  - *17 active tandems*
  - *state-funded*
- ***Activities***
  - *before COVID: readings*
  - *since 2019, publication of the texts in their own magazine*
  - *publication of digital correspondence between authors in "(W)Ortwechseln"*
- ***Goals***
  - *for refugee writers to be able to "continue writing"*
  - *establish foreign writers in the German-speaking literary scene through tandems with well-known German authors → literary quality is not questioned, get book contracts*
  - *deepen knowledge of and insights into the Arabic literary world*
  - *expand the project beyond German borders*
  - *publication of a podcast*
- ***Conclusion and closing phrase***

Hi Megan,	**address**
Thanks for your e-mail. You seem to be working on a topic you're really interested in! I imagine you've already come across some great projects. Here is another one from Germany, which I read about in a newspaper.	**introductory sentence**
The project, which is currently funded by the state, is called "Writing On" and pairs German authors with authors from crisis regions, especially authors who write in Arabic and are now living in Germany. The project was launched in Berlin in 2017 and at the moment there are 17 active tandems.	information on project
They publish the texts in a magazine of their own and also publish the digital letters the tandems exchange on their website. Before the COVID-19 pandemic they also held author readings.	activities
They aim at enabling the foreign authors to keep writing after they have come to Germany. They want to help them to become established on the German literary market. To do so, they pair the foreign authors with well-known German authors. As a consequence, their literary quality is not disputed and several of them have been able to publish books in Germany. The project wants to make Arabic literature known in Germany so that people learn more about it and get an insight into Arabic culture.	aims
In future the project is supposed to expand beyond German borders, and a podcast is also about to be released.	plans for the future
I hope you can use this information for your research. I could also send you a link for the digital letters, but they're in German, of course, so I suppose it wouldn't really help. Just let me know if you're interested anyway.	final sentence
Love,	**closing phrase**
Lina *(272 words)*	**name**

Prüfungsteil 2 (Schreiben) – Vorschlag B 1: *Becoming American*

Teaching modules referred to:
The first assignment relates to the thematic focus Living in the American society (Q 1.2), *especially the key phrase* migration and the American Dream. *The cross-curricular reference is established by part 1 of the examination.*

1. *The word "outline" in the assignment requires you to focus on the main aspects of the memoir without including comments or quotations from the given excerpt. In order to provide a shortened version, you need to use strategies for abridging the text and omit unnecessary details. You would begin with an umbrella sentence mentioning author, text source and type, date of publication and topic.*
   Author's experiences growing up as an immigrant child:
   – *experiences typical of an American:*
     - *living in a middle-class, diverse neighbourhood*
     - *among people from mixed educational, religious and ethnic backgrounds*
     - *observing typical American traditions and celebrations*
     - *sharing American values (democracy)*
     - *believing in American Dream and equal opportunities*
     - *attending a state school and complying with school traditions*
     - *enjoying American-style food*

   – *experiences typical of an immigrant:*
     - *learning the American way of life together with his parents*
     - *facing challenges and encountering prejudices (parents)*
     - *being aware of differences among immigrants*
     - *realising burden of negative aspects in America's past*

introductory sentence

In his essay *Unbecoming American* – published in 2020 – Johann N. Neem recollects his experiences as a child of immigrants that influenced his outlook on American values and the challenges his Indian parents had to face.

main part

diverse community

American Dream

adapt to rituals and traditions

The author grew up in a middle-class neighbourhood which – typically for a diverse American community – was made up of people from different ethnic, religious and educational backgrounds. As a boy, he had the impression that the American Dream was alive in California, and was unaware of the fact that equal opportunities were the result of a 200-year fight by activists. Obstacles on the road to freedom seemed to be overcome in the 1960s and immigrants, African Americans and women could become whatever they wanted to. He had to learn, however, that American society demanded that newcomers take an active role to adapt to rituals and traditions and observe certain cultural norms.

Despite his parents experiencing challenges and prejudice, immigrants – surrounded by their families and friends – were able to believe in a better and freer future. As different ethnic and religious groups, they could retain their beliefs, traditional behaviour and customs, but also had to share the burden of an American past connected to slavery and racism. All of this, he felt, was part of a common American-ness made up of the belief in individuality, pluralism and equality.

challenges and prejudice

retain traditions

American-ness

From his childhood perspective, common holidays like Christmas, the Fourth of July and Easter and common food were important because being American meant sharing experiences rather than holding on to differences. The connection to one's country is established by traditions and rituals practised in diverse communities and state schools, including the common Pledge of Allegiance.

common holidays and food

(276 words)

2. *In the second assignment you are asked to write a coherent and structured text in which you analyse how the author gets his idea of "American-ness" across. After defining his idea of the American Dream, you need to focus on different stylistic devices and back up your findings with quotations from or references to the given excerpt.*

American-ness according to the author:
- *belief in the American Dream*
- *identification with all things American (including history and traditions)*
- *shared values, customs and experiences*

Language, perspective and structure:
- *multiple use of "we" pronoun*
- *anaphora and parallelisms to underline general ideas*
- *keywords of the American Dream*
- *reference to political theory*
- *perspective: personal story connected to American experience*
- *credible source*
- *use of examples: typical American traditions named*
- *use of past tense: warning of consequences if common culture is not protected*
- *resolving the contrast between different ethnic identities and American-ness*

Growing up in California, the author firmly believed "[t]he American Dream was alive" (l. 9), and that obstacles were being left behind, immigrants were welcome and "the United States promised all people a better, freer, more prosperous life" (ll. 21/22). It was, however, important for immigrants to learn about American rituals and traditions, follow norms and respect people's contributions to American society. This also included sharing the burdens of history, such as slavery and racism. By doing so, they "shared a common American-ness" (l. 41), as he claims.

introduction

author's interpretation of American-ness

main part
"we" pronoun

In order to convey his view that American-ness applies to all Americans, the language he employs is characterised by the multiple use of the "we" pronoun. In fact, it appears no fewer than 21 times altogether (cf. ll. 1 to 63) in order to demonstrate that American values are inclusive and universal.

anaphora
parallelism

The same applies to the most important elements of American-ness, which he lists in anaphora: "[i]t had rituals and traditions [...]. It had norms [...]. It had a creed" (ll. 16–21). In a similar way he uses parallelism to express truths about humans: "[w]e are not disembodied reasoners. We belong to groups. We have emotions. Culture connects us to our country and to one another" (ll. 56/57). This figure of speech is meant to show how generally accepted these ideas are.

American Dream

There are also frequent references to the American Dream itself by his using typical keywords such as "equality" (ll. 8, 43), "pluralism" (ll. 38/43) or "individuality" (l. 42).

political theory

In order to share "a common American-ness" (l. 41) contributions are needed from multiple communities, otherwise the result would be a shallow, one-dimensional identity "made up of only one source" (l. 37) – a claim he supports by referring to a political theorist. Thus, he reveals himself to be well informed as an author and shows that the topic is of outstanding importance to him.

perspective
examples of American traditions
American Dream

The author describes the experience of an immigrant in the United States from his own perspective. He presents himself as a credible source: "[m]ine was an American childhood" (l. 1). He names typical American traditions – "carving jack-o-lanterns" (l. 46), for example – to encourage the reader's identification with American-ness, and draws on promises of the American Dream, "a better, freer, more prosperous life" (ll. 21/22), for the same reason.

use of past tense
contrast

However, whenever he refers to the ideals of this "American-ness", he uses the past tense. He explains his idea of what it means to be American and points out what will happen if this culture is not protected. He warns about current developments such as the "'war over Christmas'" (l. 68), for example, suggesting that "with no group there can be no Americans" (ll. 72/73). Shared beliefs and customs are instrumental in defining America. Immigrants did not have to choose. America was a "pluralistic civil society" (l. 26) and thus the author's "Indianness" (l. 26), which seems to be in contrast, was not an obstacle as long as he shared American experiences: "*[a]ll* Americans, native born or immigrant, had their particular ethnic and religious identities, but we shared a common American-ness" (ll. 40/41).

conclusion

In the author's view, a shared American-ness is necessary for a peaceful pluralistic society and must therefore be maintained.

(547 words)

3.1 *In this assignment you are required to discuss the challenges and benefits of having a hybrid cultural identity. You should first explain what the given quote means. The author of the article makes the statement in reference to America. He refers to the diverse cultures that make up the identity of American society, indirectly quoting the ethos "e pluribus unum", which can be found on the Great Seal of the United States. You can use this American perspective of a hybrid cultural identity as a starting point.*

You could refer to the following aspects:

- ***Explaining the quotation:***
  - *different cultural roots and what they demand of people*
  - *what unites all Americans and creates a particular American identity is the struggle to negotiate between the different communities*
- ***Challenges:***
  - *blurring one's own identity, insecurity, feeling alienated*
  - *different demands from different communities, which lead to struggles that cannot be overcome*
  - *tension between ethnic variety and national unity*
- ***Benefits:***
  - *origins are important for finding your own identity*
  - *different perspectives; living in harmony, respecting other cultures*

introduction
explanation of the quote

The quote from the text refers to America. With the exception of Native Americans, everyone in America can trace their ancestry back to another part of the world. Neem argues that most Americans have multiple communities they belong to and that these communities expect different behaviour of them. This pluralism is expressed in the ethos *e pluribus unum*, which is written on the Great Seal of the United States and on every American coin, an ethos to which the author refers in his article, when he writes "[w]e are many, but also one" (l. 39). So the question of how to understand and negotiate between the multiple cultural identities is at the core of American culture and unity. These issues are not unique to the United States, of course, but apply to other countries as well.

main part
being different as an alienating experience

Finding your own identity can be particularly challenging for second-generation immigrants. The British writer Andrea Levy, whose parents immigrated from Jamaica to London, expressed the problems she experienced in Great Britain. She wrote about how she hated her origins, was ashamed of her family and experienced humiliating situations. The experience of being different can be alienating for teenagers in particular, who struggle with finding their own identity. Only after a visit to Jamaica did Levy come to realise how the interaction between her two countries created more benefits than challenges, how Great Britain influenced her Caribbean culture and how her Jamaican ancestors contributed to Great Britain's development. She expressed her changing attitudes in an article called "How I learned to stop hating my heritage".

However, sometimes it is more difficult to bridge the gap between two cultures. Ali in "My Son the Fanatic" gets torn between Muslim culture and the Western culture he grows up in. Unlike his father, who does not follow the rules of the Koran, Ali cannot resolve the conflict and – influenced by the imams at his mosque – adopts a very strict Muslim lifestyle. If two cultures seem to contradict each other, it can be very difficult for the individual to find their way in both worlds.

contradicting cultural identities

To avoid such difficulties, people coming to the US were supposed to strive to be as one, and the first challenge was how to avoid ethnic variety conflicting with national unity. Historically, the concept of the melting pot developed, which meant that immigrants were expected to assimilate into American society and leave their own traditions, customs and language behind. This did not, however, eradicate prejudice and racism. It led to the immigrants becoming alienated from their own culture, and they ended up with an identity that was blurred and made them feel insecure. Here, the older idea of a melting pot was superseded by the image of a salad bowl, with people of different cultures living together peacefully and in harmony. With this concept, in contrast to the old model, cultural diversity becomes a positive value and makes people feel at home in different cultures.

benefits of hybrid cultural identity

origins = important part of identity

people from different cultures feel at home

People from multiple cultural backgrounds are able to see themselves and others from different perspectives. This way they tend to become more open-minded, are less prone to fall for the tricks of political populists and extremists and also see more opportunities to manage their own lives in a democratic society.

open-minded and democratic society

Besides the obvious elements, both models of integrating into a new community also contain elements that are contradictory. The idea of a melting pot might force immigrants into total assimilation, while the concept of a salad bowl might lead to a situation where diverse cultures do not mix at all. This contradiction can be resolved by having a common culture, such as the "American-ness" Neem describes in his article, which forms a binding element between the different cultural identities. A hybrid-identity of this kind could finally result in the opportunity to leave behind prejudice and even racism. *(638 words)*

conclusion

3.2 *In an international project on migration in different countries your group has been assigned to focus on the situation in the United States. Your participation requires you to write an article for the project website assessing immigrants' chances of fulfilling their American Dream. Before starting to write, please consider the special text format required for an article that is meant to be published on a website: heading, introduction, main part(s) and conclusion. In your text you need to evaluate immigrants' chances of fulfilling their current American Dream and then end with a convincing conclusion.*

Possible aspects:

- ***Explanation of the American Dream:***
  - *country of unlimited opportunities*
  - *liberty, equality and the pursuit of happiness*
- ***Arguments for it being possible for immigrants to fulfil the American Dream:***
  - *from rags to riches: positive examples of immigrants who have achieved success in the US*
  - *changes in immigration policy*
- ***Challenges faced by immigrants:***
  - *so far, immigration restrictions make it difficult to work and be successful*
  - *lack of language skills and poor education force many into low-paid jobs*
  - *racism still prevails, Black Lives Matter movement*

Immigration and the Future of the American Dream — **heading**

introduction

The United States of America has always been a nation of immigrants. It is still attracting foreigners from all walks of life and for all sorts of reasons. The historian James T. Adams coined the phrase 'American Dream' in the 1930s. According to his ideas, America was the country of the brave and free where everyone could achieve their goal of a good life. This goes back to the ideas of the Founding Fathers, among them Thomas Jefferson, who had defined three core values for a better life in the New World: liberty, equality and the pursuit of happiness.

origin of the term 'American Dream'

Founding Fathers

main part

The hopes and expectations of people seeking entry to what was once called the "country of unlimited opportunities" today are as different and varied as the ideas of the American Dream itself. Some come as migrant workers, some as fortune seekers and professional specialists, some as asylum seekers who leave their countries just to save their lives. From time to time, fortune has allowed the old saying *"from rags to riches"* to become reality. Rihanna, who was born in Barbados and used to sell clothes with her father in a street in Bridgeton, has become one of the most famous singers in the world. Arnold Schwarzenegger, originally from Austria, started his career as a bodybuilder and was elected governor of California.

country of unlimited opportunities

from rags to riches

Obama's election as the first Black* president had raised hope in many ethnic minority groups that the American Dream might yet come true for everybody. During Obama's presidency there were attempts to facilitate the integration of minorities and reform the US immigration laws overall. This included the failed Dream Act, which would have given permanent residency to illegal immigrants who arrived in America when they were still minors, and later the DACA programme, which protected them from deportation and

immigration reform

allowed them to work for two years. However, there is still strong Republican resistance to improving immigration opportunities even for those who are willing to work hard for their American Dream, and DACA was stopped by the Trump administration. The programme was later resumed by President Biden, but still faces strong legal opposition.

illegal immigrants

Thus, the majority of immigrants trying to fulfil their American Dream in the United States might be unlikely to succeed. Even if they have spent most of their lives in the United States, they are still illegal immigrants and must fear deportation. Their illegal status forces them into low-paid jobs, which does not give them the opportunity to succeed.

language skills and education

In general, immigrants face obstacles that are difficult to overcome: they often lack language skills and some of them have received poor education. The resentment against immigrants has actually risen, the fear of losing jobs to low-paid workers is ever present and there are few role models within their own ethnic groups who have achieved successful careers.

racism

There are further obstacles that need consideration. The Civil Rights Movement was very successful initially; after Martin Luther King's "I have a dream" speech in 1963, their greatest achievement was the 1965 Voting Rights Bill and it slowly changed race relations in the US. However, there is still a lack of racial equality in America, highlighted by the repeated police brutality against ethnic minorities, racial profiling and the counter-movement of *#blacklivesmatter*. The promises of the American Dream do not seem to apply to certain groups of society.

closing remarks

As a result, the American Dream occasionally seems more like an American Nightmare. Many immigrants do not seem to be wanted in the country. However, the American Dream still retains its positive aspects: it serves, after all, as an ideal for many people, and the promise of the Statue of Liberty *"give me your tired, your poor ..."* is more important than ever in times of crisis and uncertainty.

(632 words)

Prüfungsteil 2 (Schreiben) – Vorschlag B 2: *Shakespeare's villains*

Teaching modules referred to:
The assignment relates to the thematic focus Human dilemmas in fiction and real life (Q 3.1), *especially to the key phrase* drama by William Shakespeare: insbesondere Othello. *The cross-curricular reference is established by the thematic focus* Ethnic diversity (Q 2.2), *in particular to the key phrases* prejudice and the one-track mind.

1. *In your outline of the given excerpt of the play* Much Ado About Nothing *you are required to write a summary of the discussion going on in Act I, Scene 3 and Act II, Scene 2. Mention author, title, text type and date of publication in your introduction: the excerpt of the comedy* Much Ado about Nothing *by William Shakespeare, published in 1598/99 refers to Don John's motivation and the plan to hinder the marriage between Hero and Claudio.*
   - ***Don John's motivation to cause mischief:***
     - *Conrade warns Don John that despite the recent reconciliation it will be difficult to stay in his brother's grace*
     - *Don John hates his half-brother, does not want to be in his grace*
     - *describes himself as the villain of the story*
     - *feels restricted by his brother (like a bird in a cage or a peasant with a weight around his foot)*
     - *angry at Claudio because of the part he played in Don John's latest downfall*
   - ***The plan to cause mischief:***
     - *transfers rage on to Claudio, plans to prevent the wedding*
     - *Borachio (and Conrade) assists him*
     - *Borachio is having an affair with Hero's serving woman*
     - *he will visit her and encourage her to pretend that she is Hero*
     - *Don John is to tell his brother and Claudio that Hero is unfaithful and that she is secretly meeting Borachio*
     - *claims he is doing this to protect his brother's and Claudio's honour*
     - *seeing Margaret and Borachio at the window the night before the wedding will convince them that the story is true*
     - *Don John accepts the plan and bribes Borachio in return*

introductory sentence

The excerpt at hand is from Act 1, Scene 3 as well as Act 2, Scene 2 of Shakespeare's play *Much Ado about Nothing*, first published in 1598 to 1599.

motivation

illegitimate half-brother

It deals with Don John's plan to get over his bad mood, which was apparently caused by the conflict with his brother Don Pedro. As his illegitimate half-brother, he feels slighted by the prince and is encouraged by his comrades to seek revenge. One of them, Conrade, draws his attention to the fact that after their conflict his brother had reconciled with him. He warns him, however, that it would be impossible to stay in his brother's esteem and that he should take

impossible to stay in his brother's grace

his time to act against him. Don John confirms that he would rather be the odd man out than try to regain his favour. He does not want to hide his bad temper but openly calls himself a villain and blames his brother for depriving him of his liberty. Therefore, he refuses to treat people kindly and enjoys creating mischief. — villain; does not want to be restricted

When nursing his bad temper, he learns of the planned marriage between Hero and Claudio, his brother's right hand, and Borachio, his other companion, supports his plan to destroy it. Don John despises Claudio, whom he makes partly responsible for his own disgrace, and transfers his present rage onto him, happy to thwart his intentions towards Hero. With Borachio's help, a ploy is thought up to expose Hero as a tainted prostitute. Don John will tell his brother and Claudio that Hero is having an affair, pretending that he is trying to protect their honour. As his word alone would not be enough, he bribes Borachio to demonstrate Hero's infidelity in front of Don Pedro and Claudio by faking a meeting using Hero's chambermaid Margaret, with whom Borachio is having an affair and who will pretend to be Hero. The intention is for Don Pedro and Claudio to see the couple at Hero's window during the night before the wedding. As a result, the marriage would be cancelled and he could savour his revenge on both his brother and Claudio. — **plan**; plan to prevent wedding; despises Claudio; disgrace Hero; fake affair; Hero's window

(240 words)

2. *In this assignment you are required to compare and contrast the motivation and strategies of Don John and Iago from Shakespeare's* Othello *as far as similarities and differences are concerned. In your structured essay you should provide evidence from the plays by means of quotes or references.*

   Similarities:
   - *play role of villain and antagonist*
   - *plan to destroy a relationship by making a woman seem unfaithful*
   - *have helpers*
   - *prey on other people's weaknesses*
   - *driven by revenge*

   Differences:
   - *deception has a different outcome: comedy versus tragedy*
   - *Iago's role in the plan is more active, Don John agrees to Borachio's plan*
   - *characters have different dispositions: Don John not trusted by his brother, Othello praises "honest Iago"*

The comparison between Don John and Iago basically focuses on the careers of two villains. **introduction**

Both characters are the leading antagonists, out to practice mischief and destroy people's lives. Don John is a self-proclaimed villain: "I am a plain-dealing villain" (ll. 6/7). Iago very much acts in the same vein and confesses to his fellow villain Roderigo: "I am not what I am" (I. 1). **similarities** villains of the plays

Both characters successfully manipulate people with the aim of destroying them and their relationships. Don John begs his companions to: "[g]row this to what adverse issue it can" (l. 61) to expose Hero as a lady of easy virtue and deceive his brother and Claudio. Iago finds it easy to drive Othello to jealousy and push him to believe that he has been betrayed by Desdemona. Thus to both Don John and Iago, an innocent woman serves as a victim. plan to destroy relationship; innocent woman = victim

Both villains need helpers on their road to destruction. Don John relies on his comrades' support: "You are both sure, and will assist me?" (ll. 26/27), and Iago finds an eager accomplice in Roderigo, who is in love with Desdemona. Don John bribes Borachio with a large sum of money (cf. ll. 61/62). have helpers

Both characters not only instrumentalise other people but also use the perceived weakness of their victims. Don John realises that Claudio is a "start-up" (l. 25), so he stresses that he is still young, and his wife-to-be Hero is a "very forward March-chick" (l. 24), so she is also very young and lively. This will make it easy to convince Claudio that Hero is unfaithful to him. Iago understands Othello's insecurity and how to make him go crazy, possessed as he becomes by the "green-eyed monster" (III. 1) of jealousy. use weakness of their victims

Don John and Iago are both driven by revenge – Don John because he feels slighted and controlled by his brother Don Pedro (ll. 7–9), Iago due to the perceived insult of being passed over for promotion. driven by revenge

The major difference between the two villains is the outcome of their lies. As a comedy, *Much Ado about Nothing* has a happy ending. *Othello*, on the other hand, is a tragedy involving the deaths of the two protagonists. While Othello kills Desdemona before Emilia reveals that she was innocent, Hero only feigns her death and her honour can be restored. Typically for a comedy, the play ends in a wedding. However, both Iago and Don John are punished at the end of the plays. **differences** outcome

Another difference is that both villains use different tactics to achieve their goals. Don John acts in a spontaneous way but has to rely on his comrades' help. In the scene, he does not seem to employ any tactics of his own, but simply agrees to the plan Borachio suggests. Don John is not picky in his choice of his approach or his disdain for Claudio: "if I can cross him any way, I bless myself who is behind the plan every way" (l. 26). Iago is quite the opposite. He is much more in control of how to create havoc effectively.

Iago takes a great deal of effort to appear charming, funny and trustworthy. He is clever at deceiving people and uses sophisticated tactics to gain their trust; Othello even calls him "honest Iago" (II. 3). Once Iago has gained people's trust, it is much easier for him to bring about their downfall. Don John, on the other hand, suffers due to the lack of trust he experiences in his brother's attitude: "I am trusted with a muzzle, and enfranchised with a clog" (l. 7). He never pretends to be anybody else: "let me be that I am, and seek not to alter me" (ll. 9/10). trust

While Don John is a sullen and embittered person, fed up of living in his brother's shadow, Iago basks in Othello's trust, wins Cassio's and Desdemona's confidence and seems to have achieved all his goals – only to be crushed at the end, just like Don John. **conclusion**

(662 words)

3.1 *In the assignment you need to take the given quote as a basis and refer to Don John and Iago to assess the plays' reception by the audience if the roles of the villains in both plays were played by Black actors. You need to write a coherent text and close with a plausible conclusion.*

You could refer to the following aspects:

Explaining the quote:
- *Black villains in all-White* cast*
- *influence on the plays' reception*
- *negative racial stereotyping*

***Effect in* Much Ado about Nothing:**
- *reference to quote*
- *Don John's low social standing as illegitimate brother of the prince*
- *his role as the only bad person in the play*

***Effect in* Othello:**
- *Iago's motives and racist implications and how they would be affected by changing roles*
- *Othello's flaws, which are influenced by racial stereotyping*

Historical context:
- *Elizabethan England: actors all White, Blackfacing*
- *changing views of race and racial relations*
- *important roles were reserved for White actors*
- *non-traditional casting fosters diversity*

The role of a villain on stage might be a challenge in itself, but if the actor is the only Black person in an otherwise all-White cast, it would have a definite impact on the reception of the play, particularly in a Shakespeare production. **introduction**

main part

The first reaction to the given quote could be to counter with the question of whether a Black actor can play the bad guy at all. However, as details play an important role in theatrical productions, the impression of negative racial stereotyping would arise if only the villain were Black.

effect in ***Much Ado about Nothing***

Bob Devin Jones played the role of Don John in *Much Ado about Nothing* in a production in Florida in 2005. As he was the only African American in the production, he was asked how it felt to be the only Black person in the play and the villain at the same time. Don John is the bastard brother of the prince Don Pedro, a self-proclaimed "plain-dealing villain" and the comedy's only malevolent figure. In the USA, where people are very aware of the negative consequences of racial stereotyping, it is not surprising that this casting was perceived as problematic.

negative consequences of racial stereotyping

effect in ***Othello***

While in *Much Ado about Nothing* the original cast does not involve a Black character at all, Shakespeare created Othello as a Black person. Iago's frequent racial slurs ("I hate the Moor"), backed by minor characters like Roderigo and Brabantio, suggest that his contempt for Othello and his motives for revenge are not only based on being passed over in promotion, but in being passed over by somebody who is Black. If you switched roles, a Black Iago being refused promotion by a White man in a White society would change the issues in the play and Iago's character would have to be interpreted in a different way. On the other hand, Othello's flaws that lead to his downfall – his murderous rage and his jealousy – and prevent him from acting reasonably are influenced by racial stereotyping as well. Shakespeare's juxtaposing Black as evil with White as good is a mirror of the Elizabethan value system.

Iago's racist motives

Othello's flaws based on racial stereotyping

race in historical context

In a historical context, the cast had to be all-White. For centuries Othello was played by White actors in Blackface, a practice with a racist history, which has only recently gained awareness in White audiences. Laurence Olivier, a White actor, played Othello in a film as late as the 1960s. Over the centuries, productions of the play have reflected the respective audiences' changing views of race and racial relations and have gradually seen the introduction of an authentic cast of actors. However, we need to go further: it was not until 2015 that the first Iago was played by a Black actor at the Royal Shakespeare Company. For a long time, Shakespeare was for White actors only. The greatest English plays and the most prestigious roles in English theatre could only be performed by White actors. Only with a non-traditional casting of characters is there a chance of fostering diversity.

Blackfacing

diversity in Shakespeare productions

conclusion

Thus, the initial and implicit question of whether a Black actor can play a bad guy or the villain in Shakespeare's plays must be answered in the affirmative. Still, a Black Iago and a Black Don John change the racial dynamics of both plays, introducing new perspectives and tackling issues of stereotype and prejudice in a modern context. Therefore, it could be problematic to cast somebody who is Black as the villain if it is the ONLY Black person on the cast.

(581 words)

3.2 *The task requires you to write an email to the stage director in which you explain to him why the upcoming production at the English Theatre Frankfurt should be renamed "Iago". You need to consider the typical format of an email, such as addressing the recipient, referring to your suggestions and examples from the play, a coherent argument and a complimentary close.*

Stage dynamics:

- *stage presence*
- *order of appearance*
- *addresses the audience*
- *active role (controls what happens)*

Iago as the more interesting character:

- *mysterious motives*
- *complex character: manipulations clandestine and undetected*
- *drives the plot*

Audience expectations:

- *lasting impression: one of the greatest villains in literature*
- *symbol of current evil in the world, fake news and oppression*

Subject: Renaming upcoming stage production "Iago" **subject**

Dear Sir, **greeting**

introduction

explain reason for writing

We are very fortunate to have you as the director of our new production of Shakespeare's *Othello* – thank you for inviting us to work with you and sharing your experiences with us. I am very happy to answer your request and will begin with my main idea about staging a modern version of the tragedy addressing current issues – a strategy Shakespeare himself always had in mind – as well as the expectations of our audience in Germany. That's why, instead of repeating the original title of the play "The Tragedy of Othello, the Moor of Venice" I suggest renaming it "Iago".

main part

There are a number of reasons why this new title would be much more appropriate in this day and age, not least because the 400-year-old text needs some revamping, but primarily because of three elements in the play I would like to draw your attention to: the stage dynamics of the play, the content-based aspects and the contemporary expectations of our audience here in Frankfurt.

To start with the obvious – most of Shakespeare's plays carry the name of the hero or main character in their title, right from Henry VI and Richard III to the later ones like Macbeth. According to the Merriam Webster Dictionary the definition of a hero is "the principal character in a literary work" and that certainly applies to Iago rather than to the traditional character who gives the play its name. Iago is the prominent character with continuous appearances in the play. He dominates conversations in almost every scene and thus sets the tone for the tragedy to unravel. Iago is also the first character introduced in the plot, has more lines than Othello, appears in more soliloquies (a total of eight) and personally addresses the audience. Right to the end, Iago is presented as the puppet master who pulls all the strings, a successful chess player who uses his victims – and particularly Othello – as his pawns, and he even controls the outcome.

stage dynamics
definition of main character
stage presence
order of appearance
addresses audience
active character

Iago's motives are much more intriguing than those of Othello, who appears to be the victim of a racist society rather than in control of the events. Iago's motives remain mysterious right to the end, which makes him the more interesting character, who, even in his malicious intent, demonstrates his charisma. He is not what he appears to be and is able to manipulate other characters, declaring "But I will wear my heart upon my sleeve/For daws to peck at/I am not what I am" (I. 1). On top of that, he is always pretending to be honest so that Othello of all people calls him "honest Iago" (II. 3). Iago successfully hides his real goal of destroying others, makes Othello the victim of "the green-eyed monster" (III. 3) and also uses other people's flaws and weaknesses. He makes "poison his delight" (I. 1), and the whole plot is based on his vengeance. This, again, is another argument for changing the title of the play, because none of the events would have happened without his influence and direct intervention.

Iago = more interesting
mysterious motives
complex character
plot is based on his vengeance

As far as the audience here in Frankfurt is concerned, the change in title would also make sense, as Iago's character – not only as a main character but also as the dynamic, though evil force – would make a permanent and lasting impression on people, not as a likeable person but as someone who is strong and violent. After all, he is one of the greatest villains in literature. He is vital to the play as the most charismatic personality who will also shine in the light of current events, where evil in the world seems endless, fake news is the order of the day and every continent is producing its own Iagos. We wonder which tragedy Shakespeare would have written in reaction to our current crises and conflicts and whose name it would have borne.

audience expectations
lasting impression
current events

Anyway, I hope some of my arguments, which, by the way, our team have discussed and fully support, sound convincing enough to consider a name change. Hopefully some of my ideas will be useful for your production, which we're looking forward to very much. **conclusion**

Best wishes sign off
Theo *(701 words)*

* *The words "Black" and "White" are capitalised to signal that they are not natural categories but social ones (for more background information on this topic see, for example https://www.theatlantic.com/ideas/archive/2020/06/time-to-capitalize-blackand-white/613159/).*

Abiturprüfung 2024 Englisch (Hessen)
Grundkurs/Leistungskurs

Um Ihnen die Prüfung 2024 schnellstmöglich zur Verfügung stellen zu können, bringen wir sie in digitaler Form heraus.

Sobald die Original-Prüfungsaufgaben 2024 freigegeben sind, können sie als PDF auf der Plattform **MySTARK** heruntergeladen werden. Ihren persönlichen Zugangscode finden Sie auf der Umschlaginnenseite.

Aktuelle Prüfung

www.stark-verlag.de/mystark

PRÜFUNGS-ANGST

STOPP DIE PANIK

Mit der Fußsohlen-Methode

Prüfungen können Angst- und Fluchtsituationen sein. Dein Körper schüttet Adrenalin aus und dämpft das Gefühl in den Füßen. Z. B. beim Weglaufen ist es gut, wenn man die Füße nicht spürt. Eine Prüfung ist aber **keine Gefahrensituation**. Signalisiere deinem Körper, dass du nicht weglaufen musst, und bring das Gefühl in deine Füße zurück:

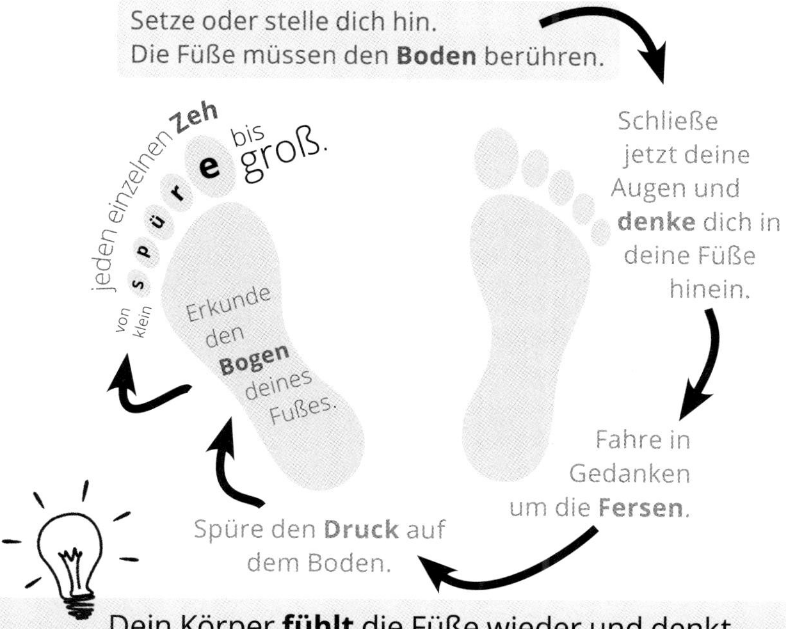

Dein Körper **fühlt** die Füße wieder und denkt, er sei in keiner Panik-Situation, sondern in **Sicherheit**.